T0068124

MUCHO FRUTO

MUCHO FRUTO

7 PROCESOS EN LA VIDA DE JESUCRISTO QUE NOS ENSEÑAN
CÓMO SER FRUCTÍFERO AUN EN MEDIO DEL SUFRIMIENTO

ISAÍAS FERNÁNDEZ

Número de Control de la Biblioteca del Congreso de EE. UU.:   2020918501
ISBN: Tapa Dura   978-1-5065-3036-9
             Tapa Blanda   978-1-4633-9524-7
             Libro Electrónico   978-1-4633-9525-4

© Mucho Fruto
Autor: IsaíasFernández
Facebook/Instagram:
Salvo aquellos textos o citas donde se especifica al autor.

© Diseño de portada
Raúl Lara
rlara.designer@gmail.com

1ª. EdiciónVerano 2020
Porterville, California
ISBN:En trámite

El texto Bíblico ha sido tomado de la versión Reina-Valera © 1960 Sociedades Bíblicas en América Latina; © renovado 1988 Sociedades Bíblicas Unidas. Utilizado con permiso. Reina-Valera 1960™ es una marca registrada de la American Bible Society, y puede ser utilizada solamente bajo licencia.

Información de la imprenta disponible en la última página.

Fecha de revisión: 22/09/2020

Para realizar pedidos de este libro, contacte con:
Palibrio
1663 Liberty Drive
Suite 200
Bloomington, IN 47403
Gratis desde EE. UU. al 877.407.5847
Gratis desde México al 01.800.288.2243
Gratis desde España al 900.866.949
Desde otro país al +1.812.671.9757
Fax: 01.812.355.1576
ventas@palibrio.com
698516

ÍNDICE

CUARTA PARTE

DEDICATORIA

Con amor en Cristo a mi hermana en la Fe, Roció Valdivia, quien ha sido un vaso que Dios quiso usar para llevar a cabo esta obra. Como Lidia para Pablo ha dado de lo que de Dios ha recibido para la predicación del evangelio, creyendo que la semilla que ha sembrado llevara mucho fruto para nuestro Señor Jesucristo. Se, que Dios le recompensará en esta vida y en la venidera.

AGRADECIMIENTOS

Soy fruto de ministerios que poseyeron la gloria de Dios que sin esperar nada a cambio compartieron conmigo, desde mi niñez, de la porción que habían recibido del Padre. Agradezco profundamente a Dios por el nido donde fui formado bajo el ministerio abnegado de una gran mujer de Dios, la hermana Josefina Chávez Carillo, que vertió en mí el amor por la palabra de Dios y me educó en la vida del ministerio, ella fue para mí como una Débora, me enseñó a pelear las batallas en el nombre del Señor. A mi Padre, quién que me ha enseñado con el ejemplo a vivir apasionadamente por la presencia de Dios; le agradezco por sus fervientes oraciones y su incansable fe. Agradezco a Dios por mi madre que aunque ya está en la presencia de Dios sus palabras y enseñanzas siguen siendo luz en mi caminar, a ella le debo el haber sido formado en el ministerio pues cuido con amor desde mi niñez el llamado de Dios en mi vida. Agradezco a Dios por mi familia, mi esposa y mis tres hijos que siempre han sido un refugio donde he encontrado paz aun en medio de las más terribles tormentas y he aprendido en una manera práctica a disfrutar de la gracia de Dios en ellos. También extiendo mi agradecimiento a mis hermanos y a mi hermana que me han mostrado en una manera palpable el amor de Dios y la misericordia. Por último quiero agradecer al ejército de Dios que ha peleado juntamente conmigo en las batallas que he enfrentado, y cuando me vieron casi muerto, nunca dejaron de creer que Dios me levantaría una vez más.

¡Gracias por su amor y por dejarse usar por Dios, puedo ver en ustedes el rostro de la gloria de Cristo Jesús!

UNA CARTA ESPECIAL

"Seis pasos hacia la prosperidad", "Siete llaves para el éxito", "Como ser feliz", son títulos que salen por docenas de editoriales ávidas de ganancias económicas.

Pero... ¿representa esa clase de literatura la vida real que vivimos? Muy poco.

MUCHO FRUTO es una exposición clara de nuestra existencia que, siempre será una mezcla de días brillantes y días nublados.

Agradezco al Pastor Isaías Fernández por este magnífico libro. Siendo él un siervo de Dios, ha pasado por fuerte tribulación y está en pie, victorioso y honrando al Señor.

El tema del sufrimiento no aparece en libros, púlpitos y mucho menos en programas cristianos de televisión. Esto es esquivar una de las facetas mas importantes de la vida.

Como el autor escribe: "Espera en Dios porque entre más duro sea el invierno y más nieve caiga en las montañas, mejor será el tiempo de la cosecha, esa nieve se convertirá en un río poderoso cuando salga el sol y ese río regará los campos y la ciudad trayendo alegría, preparando la tierra para que sea fértil."

Doy una cálida bienvenida a este libro.

Entender las verdades que esta obra literaria comparte, cerrará muchas heridas abiertas, calmará montañas de ansiedades y dará al lector una perspectiva correcta para ser un triunfador.

Gracias Pastor Fernández por este extraordinario libro, muy bíblico e inspirador. Al leerlo recordé dos expresiones de Pablo a los Filipenses: "Espero en el Señor", "Confío en el Señor". De veras que para Pablo y el autor de este libro, la frase "Para mí el vivir es Cristo" es una realidad.

Dr. Alberto H. Mottesi

PROLOGO

Por más que te guste el verano, también tendrás que experimentar el invierno. Si te admira ver las flores nacer, también verás las hojas caer. Así como nace el día, de la misma manera surgirá la noche. No sé donde leí alguna vez que en el universo todo es cíclico. No olvidemos que fue Dios quien estableció que así fuera. "Dijo luego Dios: Haya lumbreras en la expansión de los cielos para separar el día de la noche; y sirvan de señales para las estaciones, para días y años" (Génesis 1:14). La vida está hecha de momentos así. Alegrías y tristezas, sonrisas y llantos, encuentros y pérdidas. No importa la durabilidad de cada ciclo, siempre culminará para dar paso al siguiente. De vez en cuando debe aparecer un José que nos recuerde que vacas flacas y gordas son parte de la vida.

Conocí a Isaías hace ya algunos años. Inmediatamente coincidimos en el amor por Dios, la familia y la responsable y hermoseada exposición de la Palabra. Eso permitió que en más de una ocasión me confiara el púlpito de su congregación para predicar en su ausencia. Por costumbre apunto cada iglesia que visito y sermón que predico, pero ese día no solo quedaron en mi agenda dichos datos. Lo que ocurrió no lo he olvidado. Pocas veces he podido ver, como si fuera en cámara lenta, las lágrimas rodar por las mejillas de un hombre. Son de esas ocasiones en donde pareciera ser que el tiempo se detiene. Miles de pensamientos te bombardean, solo para que te des cuenta que no hay mucho que decir. Así fue esa noche de febrero del 2016. El invierno californiano parecía hacer juego con la escena. Lo frío y lúgubre de la noche se hacía cada vez más grande. Solo hacía minutos había predicado "cómo enfrentar los días difíciles". No sé si fue el mensaje lo que empujó a mi amigo, el autor de este libro, a compartirme el camino que recién comenzaba a transitar. "Los médicos me han diagnosticado cáncer". Al escucharlo una vez más experimenté esa sensación que provocan en tu interior ciertas expresiones, y cáncer es una de ellas. Por más propósito que le busques, no lo encuentras.

El dolor no se entiende, no se explica, no se razona. Palabras como "lo lamento mucho", "ayudándote a sentir", son de buena crianza, pero no del todo ciertas. En mi propia vida y experiencia he comprendido que el dolor es personal, incomprensible e irracional. Solo se escucha y se acompaña.

Tengo la certeza que el capítulo once de Hebreos aún está siendo escrito. Aún son miles los hombres y mujeres que, no solo "conquistaron reinos, taparon boca de leones, apagaron fuegos impetuosos, pusieron en fuga ejércitos extranjeros", sino que también, "se hicieron fuertes en batallas". Seguramente tú eres uno de ellos. Los procesos de la vida no han venido para derribarte, sino para construir en ti lo eterno y verdadero.

Este libro no pretende entregar explicaciones teológicas a tus sufrimientos, tampoco que al fin descubras el propósito de tus pérdidas, ni mucho menos darle sentido a los dolores que has experimentado, sino que mostrar de una manera entendible y maravillosa, como Jesucristo nuestro modelo de vida, el "varón, experimentado en quebrantos", nos dejó ejemplo. En su victoria, está también la nuestra.

Estoy seguro que cuando termines de leer este libro, tu fe habrá sido renovada, tu esperanza estará más encendida que nunca y tendrás la convicción de que aquello que pensabas como el final, solo era el comienzo de llevar mucho fruto.

Dr. Moisés Rojo

INTRODUCCIÓN

"En el mundo tendréis aflicción".

Ésta es posiblemente una de las verdades de la vida terrenal que le cuesta asimilar y aceptar al alma del ser humano. Sin embargo es una declaración que, al comprenderla en nuestro espíritu, nos dará el reposo y la serenidad para enfrentar las circunstancias que constantemente quieren derribarnos.

Una vez que damos por sentado que en este mundo tendremos aflicción, dejaremos de buscar nuestra esperanza en lo temporal. Dejaremos de correr por este mundo buscando un lugar inmune al sufrimiento, donde nuestra alma tenga paz y dejaremos de ir a la gente para encontrar soluciones y consuelo de otro ser humano, que de la misma manera está esperando que alguien le extienda, en medio de su pantano de confusión, alguna cuerda de ilusión que le libre de su realidad.

Una de las cosas que nuestro señor Jesucristo quiere hacer en nosotros es quitarnos la dependencia en este mundo, en la gente, en las cosas que se ven porque son temporales. El anhela que nuestra mirada esté en las cosas de arriba, que busquemos la ciudad que tiene fundamentos, que tengamos una visión de lo eterno, que sepamos que fuimos creados para una gloria más duradera que lo que este mundo nos puede dar, que hay en nosotros eternidad y que este mundo nunca nos podrá dar la plenitud que solo en Cristo podemos encontrar.

El gran problema de esta generación es que se le ha enseñado que puede tener lo que quiere sin la necesidad de pasar por el proceso de crecimiento. Mucha de la literatura moderna pretende enseñarnos los secretos para alcanzar la felicidad con atajos que dan la impresión que todo es posible si tan solo lo puedes concebir en tu mente. Sin embargo, Dios tiene en su sabiduría antes de la tierra prometida el desierto, antes de la resurrección el sufrimiento de la cruz y, antes de dar a luz una nueva vida, los dolores de parto.

Al tratar de disfrutar de la vida que tenemos, se nos es fácil ignorar las dificultades que conllevan el crecimiento de nuestra alma hasta la plenitud de madurez. Se requiere valor para reconocer que en este mundo tendremos aflicción y que Dios ha diseñado el proceso de esta manera no para darnos muerte, tampoco para hacernos sufrir por sufrir, sino para transformarnos a través de un proceso que culminará en la expresión del carácter de Cristo Jesús en nuestras vidas.

El rehusarse a atravesar por este proceso dará como resultado el estancamiento en nuestra vida espiritual y, en el peor de los casos, la enfermedad del alma que incesantemente sin ningún éxito trata de evitar los problemas, de ignorarlos o de simplemente negarlos, llevándonos a la caída intrépida de la desesperación. Esta inclinación del alma del ser humano en querer encontrar en este mundo estabilidad, y de evitar el proceso del crecimiento que produce dolor, es la raíz de las enfermedades mentales y emocionales.

El propósito final del sufrimiento y de la búsqueda desesperante del alma para tener felicidad es el conocimiento de Dios que lleva a un crecimiento constante de la vida interna y da como resultado fruto que permanece. Saber que él prometió caminar con nosotros por medio de este proceso, de manera que podamos seguir sus pisadas nos dará la seguridad que lograremos vencer por el hecho de que Cristo venció. No hay nadie en este mundo que haya tenido tanto fruto como Jesús de Nazaret, ni nadie que haya impactado millones de corazones dándoles esperanza como solo él lo puede hacer. Ni nadie que hable como él hablo, ni nadie que haya vencido el sufrimiento como él lo hizo, ni mucho menos nadie que venció la muerte, solo él. El camino que recorrió quedó marcado con las huellas de sus pies ensangrentados, con el sudor como grandes gotas de sangre de su frente; sin embargo este camino lleva a la misma gloria del cielo.

Caminemos pues, siguiendo sus pisadas, emprendamos esta jornada por la vereda que él nos marcó, y descubramos que es posible tener una vida de victoria, sean cuales sean las circunstancias que enfrentemos. En las páginas de este libro se hará claro que en el proceso de la vida que nuestro señor Jesucristo vivió se encuentran los secretos para enseñarnos a sufrir con dignidad y mostrarnos como la tribulación momentánea produce un eterno peso gloria. Los principios que aprenderás aquí son sencillos pero profundos. Gente a lo largo de la historia de creyentes han encontrado esperanza en ellos y los que los han ignorado han caído en el abismo de una vida sin significado, vacía, sin propósito, sin paz.

Oro para que Dios abra los ojos de tu entendimiento y descubras que el proceso de muerte, por el cual has sido atravesado, no es para tu aniquilación, no has llegado todavía al final del camino, ese proceso es para que lleves mucho fruto.

> *"Estas cosas os he hablado para que en mí tengáis paz. En el mundo tendréis aflicción; pero confiad, yo he vencido al mundo".*
>
> **Juan 16:33**

PRIMERA
PARTE

MUERTE SEPULTURA Y RESURRECIÓN

"La muerte es el menor de todos los males".
Sir Francis Bacon

*"Estimada es a los ojos de Jehová
la muerte de sus santos".*
David, rey de Israel

"Fuerte es como la muerte el amor".
Salomón

Fui educado en un hogar cristiano, mi madre siempre fue una mujer que amó a Dios y vivió con el propósito de dar a conocer a este Cristo de Gloria a sus hijos. Mi padre a pesar de una enfermedad de asma crónica que le golpeó, llevándole muchas veces al filo de la muerte, sirvió en la iglesia donde crecimos con amor y pasión. Escuché el llamado de Dios al ministerio a la edad de cinco años y comencé a esa misma edad a predicar el poderoso evangelio de Cristo Jesús. Prácticamente nací, me crié y viví mi niñez debajo de las bancas de la iglesia.

Vi de primera mano cómo el evangelio de Cristo Jesús tiene un poder sobrenatural para transformar el corazón del ser humano, restaurar familias, dar esperanza y romper cadenas de vicio, hábitos y costumbres terribles que afectan nuestra sociedad. Desde niño fui convencido que la palabra de Dios predicada con unción es poderosa para traer salvación y para dar propósito eterno al hombre.

Sin embargo una serie de preguntas siempre invadieron mi corazón trayendo incertidumbre acerca de mi fe en Cristo Jesús; especialmente en los años de mi adolescencia comencé a cuestionar las doctrinas básicas que había aprendido y hubo instantes donde llegué a dudar del amor de Dios. Preguntas que estoy seguro también tú has contemplado: ¿Por qué después de haber servido a Dios tantos años, el sufrimiento parece inevitable? ¿Por qué gente que son realmente sinceros en su fe atraviesan circunstancias que a veces ni los incrédulos experimentan? ¿Por qué a pesar de ser fieles a Dios y tratar de cumplir con sus mandamientos seguimos atravesando por áridos desiertos en la vida? ¿Por qué ofrendamos aun en medio de nuestra escasez y hemos dado nuestro todo a la obra del Señor y pareciera que la pobreza es parte de nuestra herencia?

He visto lágrimas en los ojos de muchos cristianos sinceros y honestos en cuanto a su fe en Cristo, cristianos que corrieron la carrera que les fue propuesta y que no recibieron las promesas en las que tanto creyeron durante su vida. He oído gritos de desesperación de madres que clamaron por sus hijos que un día sirvieron al Señor, pero el mundo logró seducirlos, arrastrándolos tras la vanidad de este mundo, trayendo la nube negra del pecado al hogar. He sido testigo de esposas que sufrieron con un marido que solo pagó con espinos de traición el amor incondicional que ellas ofrecieron. He llorado con siervos de Dios, pastores, ministros, generales del ejército de Dios, que sufrieron traición de los mismos amigos que un día ganaron para Cristo, pero causaron división en sus iglesias, llevándose el poco fruto que a través de muchos años lograron obtener y dejaron el nido de estos siervos de Dios vacío. Les he mirado llorar de cansancio, de desconsuelo, de arrepentimiento porque cometieron algunos errores y encontraron las manos que lanzan piedras de condenación en lugar de las manos que restauran y tristemente vi algunos dejar las filas del ministerio porque no pudieron más con tanta presión. Se llevaron entre sus cosas que les dejó el ministerio, un alma herida, un matrimonio roto, unos hijos desilusionados, porque su padre nunca tuvo el tiempo ni el dinero ni el apoyo para sacar a su familia adelante.

Ante estas experiencias que son la realidad de todos, aun de los que pareciera que lo tienen todo, que alcanzaron la cima del éxito y que su fe realmente les ha dado lo que su alma deseó, aun ellos experimentan la soledad, la frustración, la traición, la perdida y al final la muerte, y uno se pregunta: ¿Por qué Dios permite el sufrimiento en la vida del cristiano a pesar de su fe, de su perseverancia y a pesar de su obediencia y fidelidad?

Existen diferentes corrientes de pensamiento dentro y fuera de la iglesia del porqué sufrimos. Para nosotros, los cristianos, las preguntas acerca de los procesos de dolor que experimentamos vienen de la gente que cuestiona nuestra fe y lanzan sus palabras de duda queriendo debilitar nuestra esperanza y nos dicen: ¿Dónde está tu Dios? La realidad es que el sufrimiento nubla la visibilidad de manera que muchas veces nosotros mismos no sabemos en dónde está Dios en medio de situaciones que no tienen lógica, cuándo los desiertos que atravesamos no hacen sentido y cuándo llegan las tormentas, que al parecer carecen de significado o propósito. La desesperación inunda el alma, la confusión le abate, la incertidumbre golpea cual martillo los más fuertes fundamentos de nuestra vida. Tratamos de sostenernos de cualquier cosa o persona que nos dé tan solo un poco de estabilidad porque sentimos desvanecernos. Es entendible el porqué perdemos el rumbo en medio del sufrimiento, sin embargo, siempre aun en el caos se encuentra la oportunidad de crecer en medio del dolor. Dios nos dio el código de vida por el cual podemos renovarnos, reinventarnos, comenzar de nuevo, aprender, crecer y en medio de la oscuridad encender nuestra luz, la luz de Cristo en nosotros, la esperanza de gloria.

Es menester que, aun en medio de nuestras interrogantes, nunca olvidar que Dios es el gran diseñador de nuestra vida. Nos hará bien aceptar que el sufrimiento será siempre parte de nuestro caminar en esta vida, pero que en medio de cada experiencia de dolor también está la mano del divino alfarero dándonos forma para depositar en nosotros su gloria. De otra manera seremos distraídos constantemente por remedios temporales que prometen resultados rápidos, alivios para quitar el dolor, alegría temporal, placer que pretende hacernos olvidar de nuestra realidad y nos ofrecerán saciar la sed que el alma tiene de significado pero harán la herida más grande cuando llegue la desilusión. Todo sufrimiento tiene la oportunidad de ser una herramienta para llevarnos a Dios y no para alejarnos de él.

> *"Porque dos males ha hecho mi pueblo: me dejaron a mí, fuente*
> *de agua viva, y cavaron para sí cisternas, cisternas rotas que*
> *no retienen agua".*
> **Jeremías 2:13**

Yo también recorrí algunos caminos buscando en lo terrenal algo que le diera sentido a esas emociones que uno experimenta cuando atraviesa por las crisis de la vida y de la misma manera anhelaba como ministro del Señor, como esposo y padre y simplemente como amigo dar respuestas honestas y bíblicas a los que, por los propósitos divinos se acercan a mí buscando una palabra de parte de Dios que pudiera darles esperanza.

Existe un principio en la sagrada escritura que nos da una visión profunda acerca del dolor humano y de los procesos donde llevamos en nosotros sentencias de muerte, que no solo da esperanza, sino que también imparte una visión de la eternidad y te permite tener la perspectiva divina de lo que estás experimentado y podrás ver que aun en medio de la muerte se puede manifestar la vida. Este principio triple es: muerte, sepultura y resurrección.

"Había ciertos griegos entre los que habían subido a adorar en la fiesta. Éstos, pues, se acercaron a Felipe, que era de Betsaida, de Galilea, y le rogaron, diciendo: Señor, quisiéramos ver a Jesús. Felipe fue y se lo dijo a Andrés; entonces Andrés y Felipe se lo dijeron a Jesús. Jesús les respondió diciendo: Ha llegado la hora para que el hijo del Hombre sea glorificado. De cierto, de cierto os digo, que si el grano de trigo no cae en la tierra y muere, queda solo; pero si muere, lleva mucho fruto".

Juan 12:20-24

El ministerio de nuestro señor Jesucristo fue y es como el de ningún otro. El pueblo judío estaba acostumbrado a que Dios usará a sus hombres con gran poder y gloria. Tenían un historial de gente que de una manera sobrenatural impactaron a las naciones por la unción que reposaba en ellos. Desde un Moisés que vio como Dios azotó a Egipto con las plagas y abrió el Mar Rojo, sustentó a su pueblo en el desierto y en algún momento su rostro brilló por la Gloria de Dios en él, que tuvo que cubrirse con un velo, y hasta un Elías que resucitó muertos, trajo sequía, hizo descender fuego del cielo y mató a los profetas de Baal, el pueblo de Israel conocía el poder de Dios.

No obstante, después de cuatrocientos años de silencio y de una religión muerta en el pueblo de Israel el Dios del cielo, se manifestó en carne. La sabiduría que mostró cuando apenas era un niño de doce años impresionó a los doctores de la ley, su ministerio fue resaltado por lo sobrenatural de Dios, con poder del Espíritu Santo. Multiplicó los panes y los peces, sanó a los leprosos, abrió los ojos a los ciegos, levantó a los paralíticos, resucitó a los muertos, perdonó a los pecadores y aun los vientos de la tempestad calmó. Hubo momentos donde la gloria de Dios sobre él era tan grande que aun sus discípulos lo desconocían diciendo: ¿Quién es este?

La fama del Señor se había extendido por todas partes y su ministerio estaba en la cúspide de lo que cualquier hombre de Dios pudiera estar. Los discípulos que caminaron con él sentían una sensación de orgullo al ser parte de un ministerio tan glorioso, tan sobrenatural como éste. Jesucristo les dio poder de sanar enfermos, expulsar demonios, y resucitar muertos, en una ocasión regresaron llenos de gozo diciendo: Los demonios se nos sujetan. El impacto sobre las aldeas y ciudades fue maravilloso, la predicación del reino estaba penetrando en los corazones de tal manera que en algún momento la gente quiso coronar a Cristo Jesús como rey.

Fue tanta la fama y el poder del ministerio de nuestro Señor que los griegos vinieron a verle. Los griegos, hombres conocidos en el mundo por su sabiduría, elocuencia, influencia sobre la sociedad en lo referente al pensamiento y el intelecto del hombre, quienes dieron a la humanidad hombres de la talla de Sócrates, Aristóteles y Platón. Tenían una plataforma en el mundo del aquel entonces que bien pudiera haberle dado un impulso para dar a conocer a Jesucristo por todos los entornos de la sociedad conocida en esos tiempos. Querían promover la persona de Jesús y darle a conocer por toda la tierra. Ante la noción de tan grande posibilidad, Jesucristo hablaría palabras que hasta el día de hoy impresionan el corazón profundamente. Nos daría en ese momento a conocer el secreto que se mantiene como un misterio para ser revelado a cada persona que tenga la suficiente hambre de conocer que hay detrás del velo del sufrimiento y estar dispuesto a recorrer el camino que fue marcado con sangre, lágrimas y pérdida hasta llegar a la cima de la victoria total.

Las palabras de Cristo Jesús nos muestran el principio que Dios ha establecido en esta vida para llevar a cabo a sus propósitos y mostrar al hombre la magnitud de su amor y su poder. Este triple principio de vida al entenderlo y recibir por gracia el entendimiento de la profundidad que hay detrás de las palabras de nuestro Señor, dará al alma sedienta de propósito el torrente de consuelo y la fuerza que necesita para sobrevivir los desiertos de la vida.

Lo vemos en la naturaleza. Como después de toda la algarabía que trae el sol de verano, la tierra comienza a dar su fruto solo para que luego de la alegría de las cosechas, llegue el melancólico otoño que hace danzar a las hojas sacudidas por el viento, en un ritmo que va anunciando la muerte y el frío aterrador que trae el invierno. En este tiempo donde todo parece haber muerto, la mayoría de la gente desespera ante la ilusión absurda que fabrican las noches congeladas, las montañas cubiertas de nieve, las calles vacías y los árboles secos con aspecto de muerte que los inviernos pudieran ser eternos. Tendemos a olvidar la realidad de las temporadas de la vida, absorbidos por la realidad de nuestro presente olvidamos que Dios diseñó los tiempos para llevar a cabo sus propósitos, pero al final el invierno es solo una temporada más que permite a la tierra reposar para recibir otra vez la esperanza de una nueva primavera. En nuestra vida cristiana, ciertamente muchas veces habrá muerte, y en otras ocasiones sentiremos estar encerrados en alguna cueva fría de soledad, de desesperación, pero nos hará mucho bien tener presente que siempre en Cristo Jesús habrá una rotunda fuerza de resurrección.

Por muy frío que sea tu invierno, por muy solas que sean tus noches, por muy hondo que hayas caído, fija tus ojos en Cristo, porque en su mirada sabrás que siete veces puede caer el justo y siete veces el Señor le levantará.

EL PORQUÉ DEL SUFRIMIENTO

"El mundo está lleno de sufrimiento pero también de superación del mismo".
Helen Keller

El sufrimiento es un proceso el cual nosotros como seres humanos siempre tratamos de evitar. A medida que comenzamos a conocer la realidad y nos percatamos que la vida trae consigo risa pero también lágrimas; satisfacción, pero también frustración; muchas victorias gratificantes, pero también fracasos vergonzosos, es fácil cometer el error de muchos que es buscar un atajo, algún secreto para tener la hermosura, la suavidad y el aroma de la rosa sin las espinas que para nosotros simplemente no tienen sentido.

Esto sucede a menudo en nuestra vida cristiana. Medimos nuestro nivel de fe por los triunfos que hemos obtenido y no por los procesos en donde hemos aprendido a confiar en Dios. De la misma manera en que un olivo es cortado de su árbol, y llevado a la prensa para ser oprimido y muere para soltar ese aceite que da sanidad a muchos, nos dará fuerza el saber que el sufrimiento es un proceso que Dios ha diseñado para hacer morir la fuerza de nuestra carne, nuestra autosuficiencia y sacar desde nuestro espíritu regenerado ese aceite de unción que Cristo Jesús ha puesto en nuestro candelero. Nadie ha sido llevado a la plenitud de vida sin antes haber enterrado, en el cementerio del sufrimiento del alma, sus ganas de vivir.

El apóstol Pablo, que posiblemente sea el hombre quién más fruto haya llevado en la vida de ministerio después de nuestro señor Jesucristo, lo entendió de esta manera y nos deja por el Espíritu Santo una luz clara del porque Dios permite el sufrimiento.

> *"Pero tuvimos en nosotros mismos sentencia de muerte, para que no confiásemos en nosotros mismos, sino en Dios que resucita a los muertos".*
>
> **2 Corintios 1:9**

Los valles de muerte, los desiertos de soledad, los momentos en nuestra vida donde sentimos que todo pierde sentido a causa del dolor, quieren mostrarnos una gloriosa verdad, que más que confiar en nosotros mismos, nuestra capacidad, nuestra fuerza, es mejor y más glorioso confiar en Dios que resucita a los muertos. El sufrimiento que trae olor a muerte siempre nos llevará al entendimiento de lo insignificante que somos. Sé que este pensamiento es humillante para esta generación, especialmente después de que por décadas hemos escuchado los gritos tan fuertes del mensaje de la superación personal, que pretenden darnos una seguridad en nosotros mismos haciéndonos creer que tenemos un potencial ilimitado y que lo que podamos concebir en nuestra mente lo podremos lograr. Eso ha producido un orgullo absurdo que lo único que ha hecho es cavar la fosa de nuestra propia calamidad, porque no habido un pueblo que se haya olvidado de su creador y haya sido prosperado. El salmista, David, oraba una petición que nosotros deberíamos aprender, ahora más que nunca, debido a la importancia de esta verdad, porque es el primer escalón hacia ser fructíferos.

> *"Hazme saber, Jehová, mi fin, y cuánta sea la medida de mis días; Sepa yo cuán frágil soy".*
>
> **Salmos 39:4**

Es en los valles solitarios de nuestra fragilidad humana y no en las altas montañas del absurdo orgullo que se encuentra el secreto para llevar mucho fruto, fruto que permanezca. Porque es precisamente ahí donde podemos conocer el poder sobreabundante de la gracia de nuestro señor y salvador Cristo Jesús.

Por la grandeza de las revelaciones que al apóstol Pablo se le había confiado, se le dio un aguijón en la carne, un mensajero de Satanás para que le abofeteara con un solo propósito, que el apóstol Pablo no se exaltase desmedidamente. En otras palabras, el sufrimiento vino a ser un tipo de protección para el ministerio del gran apóstol Pablo de los enemigos más terribles que dañan la viña del Espíritu: la soberbia y el orgullo.

> *"Y para que la grandeza de las revelaciones no me exaltase desmedidamente, me fue dado un aguijón en mi carne, un mensajero de Satanás que me abofetee, para que no me enaltezca sobremanera".*
>
> **2 Corintios 12:7**

El cristiano moderno ha aprendido en diversas formas, y de maneras insistentemente repetitivas, que sus problemas radican en la falta de saber cómo confesar o declarar lo contrario a su situación. Se nos enseñó que si confesamos palabras de riqueza la pobreza huirá, si declaramos que estamos sanos la enfermedad cesará, si confesamos que tenemos éxito y prosperidad eso es lo que atraeremos a nosotros. He visto con desdén cómo esa enseñanza ha traído confusión a tanta gente, pero aun peor, han perdido el sentido del propósito del sufrimiento que es inevitable y necesario en nuestras vidas. El propósito de esta enseñanza es demostrar, de alguna manera, que el cristiano tiene una autoridad y un poder especial por la clase de confesión que haga. Sin embargo, a diferencia de este patrón de pensamiento moderno, el apóstol Pablo descubrió que la fuente de poder y de autoridad, precisamente brota cuando nuestra humanidad es sometida a debilidad a causa de los sufrimientos, de los mensajeros de Satanás, de las circunstancias que nos humillan, porque en nuestra debilidad humana, en tus pies cansados de correr buscando respuesta, en tus manos desanimadas de tanto fracasar podrás mirar cómo Dios te hace fuerte, te lleva sobre alas de águila, da fuerzas al que no tiene ninguna y aun en medio de tu desánimo, encontrarás la fuente inagotable de vida resucitada que brota del calvario.

> *"Y me ha dicho: Bástate mi gracia; porque mi poder se perfecciona en la debilidad. Por tanto, de buena gana me gloriaré más bien en mis debilidades, para que repose sobre mí el poder de Cristo. Por lo cual, por amor a Cristo me gozo en las debilidades, en afrentas, en necesidades, en persecuciones, en angustias; porque cuando soy débil, entonces soy fuerte".*
>
> **2 Corintios 12:9-10**

Quizá el afán de querer evitar el proceso de sufrimiento en nuestras vidas es lo que nos ha llevado a la realidad que muchas veces abruma nuestra existencia: Esterilidad. La desesperación es terrible porque provoca al alma a tomar decisiones precipitadas, correr por caminos equivocados, tocar las puertas incorrectas, abrir el oído al consejo erróneo. Es ahí donde perdemos el rumbo y al tratar de encontrar soluciones rápidas para salir de los valles del dolor, terminamos quedando estancados en los pantanos de la confusión de este mundo, cayendo aun más profundo en el sufrimiento. La falta de paciencia, la carencia de sabiduría, la inmadura desesperación de querer tener el fruto sin el proceso de muerte es posiblemente uno de los más grandes obstáculos que enfrentamos en el camino hacia la madurez. El sufrimiento tiende a ser una escuela que nos enseña mucho más que la comodidad o lo que percibimos nosotros como felicidad. El propósito del sufrimiento no se encuentra en el sufrimiento en sí mismo, sino en lo que produce en nosotros. Dios no se goza en vernos sufrir, ni tampoco desea que nuestra vida solo tenga pesares, sin embargo la escuela del sufrimiento dará como resultado la dependencia total en Dios y una madurez que solo en los momentos donde la vida trae lágrimas se puede obtener. Nunca desprecies los tratos que Dios tiene con tu alma, siempre traen como resultado un fruto abundante y permanente.

Los hombres de Dios, desde el tiempo antiguo que pudieron transcender más allá del sufrimiento encontraron que muchas de las cosas que nos suceden en la vida terrenal están fuera de control. Los vendavales de la vida golpean cuando menos lo esperamos sin que podamos hacer nada para calmar la tormenta, solo aguardar a que pase. Por lo tanto, si no podemos cambiar esa realidad, podemos optar por enfrentar esas tormentas con una actitud de agradecimiento y encontrar en qué manera podemos utilizar esa experiencia para crecer espiritual y emocionalmente. Entonces podemos decir que madurez es: La gracia o el poder dado por Dios para tomar una actitud ante el sufrimiento que nos lleve a conocerle más a él y reflejar su carácter.

Definitivamente la actitud con la que respondemos a estos tratos de Dios en nuestras vidas está profundamente ligada con el conocimiento que tenemos de los propósitos de Dios para nosotros y como él está cumpliendo su perfecta voluntad. Es hermoso mirar a Dios como el labrador de nuestra vida que se ha propuesto cuidar de su viña para que sea fructífera. Una de las tareas del labrador es pasar a la tierra de siembra por un proceso de sufrimiento donde ha de ser preparada para que la semilla sea sembrada y pueda llevar mucho fruto. Después de haber esperado un tiempo sin sembrar la tierra para que ésta recupere la humedad y la materia orgánica el labrador comienza un tarea que aunque pareciera dolorosa para la tierra, porque tiene que ser volteada una y otra vez en el proceso que se conoce como arar o barbechar, sin embargo, es necesario para que la tierra sea moldeada y preparada para el tiempo de la siembra. El propósito de este trabajo es quitar las malas hierbas y ablandar la tierra para que tenga la profundidad necesaria y la semilla encuentre lugar para echar raíz. De la misma manera el Padre, el labrador de la tierra en nuestras almas, en los procesos que parecerían dolorosos y sin razón aparente, porque sentimos que nuestra vida está siendo removida, resentimos el dolor del arado volteando nuestra tierra, quitando la dureza, arrancando las malas hierbas de orgullo, amargura, resentimiento, el divino labrador está haciendo barbecho, formando surcos, preparando nuestra vida como un huerto, donde el sembrará la semilla de sus propósitos y nos enseñara su justicia. No desprecies estos momentos de prueba, ni el sufrimiento como si algo raro te estuviera sucediendo, ni des crédito al diablo como si estuvieran los ataques del infierno en control de lo que nos sucede. La realidad es que Dios se ha propuesto que tu vida en muchas maneras lleve fruto y te has adentrado a los procesos del labrador para ser preparado y ser usado para la gloria de su nombre.

> *"Sembrad para vosotros en justicia, segad para vosotros en misericordia; haced para vosotros barbecho; porque es el tiempo de buscar a Jehová, hasta que venga y os enseñe justicia".*
>
> **Oseas 10:12**

Las lecciones más importantes de la vida están bañadas del bálsamo de lágrimas que fueron provocadas por el dolor y trajeron claridad a nuestros ojos para ver más allá de la aflicción y descubrir esa gloriosa verdad que da fundamento a nuestra existencia, que Jesucristo es el Señor. El querer evitar esos procesos en nombre de la fe, el buscar caminos más cortos para llegar a la tierra prometida, el pensar que podemos tener una gran cosecha sin los procesos donde el campo sea labrado, es perder todo sentido en el propósito de nuestra vida. Nuestra sociedad se ha inventado todo tipo de vendajes para cubrir la herida del desconsuelo de la humanidad. Ha querido reparar el dolor, erradicarlo si fuera posible. Creo que es precisamente esa actitud la que hace que el proceso sea más largo y mucho más doloroso. En el momento que entiendes que en el mundo tendremos aflicción y lo tomas como un hecho, como una realidad de la vida, podrás ser liberado de las cadenas de la fantasía emocional donde todo en la vida debería ser un paraíso, y tomarás entonces la fuerza para enfrentar las circunstancias que vengan y sabrás que puedes plenamente confiar en aquel que venció al mundo con su dolor, rechazo, traición y sufrimiento, ese es Cristo Jesús, el resucitado.

Pedro, el discípulo del señor, fue cegado por el éxito que Jesucristo gozaba en la que fuera tal vez la cúspide de su ministerio. La gente decía que Jesús pudiera ser Juan el bautista que había resucitado, o alguno de los profetas. Gente lo comparó con Elías, otros con Jeremías. Realmente el impacto de las palabras y milagros que Jesús hacía habían llevado a la muchedumbre incluso a querer proclamar a Jesús como su rey (Juan 6:14-15). Después de todo fue a Pedro que el Padre celestial tuvo a bien revelarle por primera vez que Jesús es el Cristo, el hijo del Dios viviente (Mateo 16:16). Al escuchar de Jesús que le era necesario padecer y ser muerto, y resucitar al tercer día comenzó a reconvenirle acerca del sufrimiento: "Señor, ten compasión de ti mismo, en ninguna manera esto te acontezca". ¿No es ésta la actitud que muchas veces tenemos nosotros en cuanto al sufrimiento? El consejo moderno aun de muchos líderes cristianos es: Ten compasión de ti mismo. Ésta pudiera ser una de las desgracias más grandes de nuestra generación, el no saber sufrir con dignidad, el no poder aceptar los procesos de la vida como necesarios, el no aprovechar las escuelas de Dios en los tiempos de aflicción. Jesucristo fue rotundo en su respuesta ante tal oferta de evitar la muerte, ¿En qué otra manera manifestaría el poder de la resurrección"

> *"Pero él, volviéndose, dijo a Pedro: ¡Quítate de delante de mí, Satanás!; me eres tropiezo, porque no pones la mira en las cosas de Dios, sino en las de los hombres".*
>
> **Mateo 16:23**

El gran problema de nosotros radica en que no tenemos la visión de Dios en medio del sufrimiento, hemos interpretado nuestra vida a través de los ojos de la vida terrenal, hemos visto la aflicción a través de los lentes de cosas temporales. Una de las más grandes bendiciones del sufrimiento es que nos enseña que esta vida es pasajera, nos ayuda a evitar el poner nuestra esperanza en lo que se acaba, nos enfoca en lo que es eterno, nos lleva a entender que más grande que la tribulación en los desiertos, es el amor de Dios que se extiende hasta la eternidad, nos posiciona en la mejor manera de experimentar la gloriosa vida de resurrección de Cristo en nosotros, y en cada circunstancia de muerte sabremos que más poderoso que la muerte es Cristo Jesús, quién es resurrección y vida. El propósito del sufrimiento en nuestra vida es regar nuestra tierra con la lluvia de los tratos de Dios sobre nosotros, es ablandar nuestro corazón para hacernos sensibles a su voluntad, es ser preparado para que la semilla de su palabra sea sembrada en los surcos causados por el dolor en nuestra vida que nos preparan para ser usados por él en una manera profunda y con significado. El propósito del sufrimiento no es llevarte a la muerte sino más bien es prepararte para que lleves mucho fruto.

> *"Visitas la tierra, y la riegas; en gran manera la enriqueces; con el río de Dios, lleno de aguas, preparas el grano de ellos, cuando así la dispones. Haces que se empapen sus surcos, haces descender sus canales; La ablandas con lluvias, Bendices sus renuevos".*
>
> **Salmos 65:9-10**

La muchacha tiene aproximadamente veinte años, se ha casado con el amor de su vida, quien la llena de ilusiones, atenciones, cariño y amor. El fruto de ese matrimonio ha sido un varón y está embarazada de un segundo hijo. Su esposo viaja por todo el país, es chofer de tráileres, lleva carga de un estado de la república a otro, cuando regresa a casa siempre trae regalos para su familia, es un hombre dedicado a su hogar. Un día él le propone a su joven esposa acompañarlo en un viaje, lo cual acepta ella emocionada. Recorriendo los caminos, contemplando su familia, disfrutando el amor de su esposo, ella se siente realizada, se siente feliz. Una de esas noches de viaje comenzó a caer una tormenta, el tráiler va cuesta arriba y la caja de carga se mueve violentamente. El esposo percibe que hay peligro y le pide a su esposa quien lleva su hijo en brazos, y en su vientre su segundo hijo, que se baje del tráiler mientras el revisa la caja de carga. Ella está a un lado del camino, su esposo se mete entre la cabina del tráiler y la caja de carga para revisarla cuando ella ve cómo el tráiler comienza a moverse, cayendo bruscamente por un barranco, llevándose a su joven esposo a una muerte aparatosa y repentina. En un instante su vida cambió, se quedó sola con su hijo en brazos, embarazada, desesperada y llena de miedo. Así comenzó una vida de dolor donde tuvo que luchar para sacar a sus hijos adelante, y por si esto fuera poco, el niño menor después de un tiempo de haber nacido, enfermó y murió. Ella no entiende, ella está confundida, ella se pregunta por qué la vida le ha traído tanto dolor cuando no hizo nada para merecerlo. Ella no encuentra respuestas a un dolor que no se le ve sentido ni propósito.

EL PROCESO A LA PLENITUD

Como el barro en las manos de un alfarero hemos sido escogidos por Dios porque él se propuso así mismo un propósito que cumplir en nosotros para su mostrar su gloria. Por lo tanto, nos introdujo a un proceso de transformación de nuestra vida sin sentido, sin forma, estéril y sin esperanza a una vida que en toda la plenitud exprese su poder y su gloria. Esta visión gloriosa le dará al creyente reposo que está en las manos del divino alfarero y le dará respuestas al porqué del sufrimiento que es inevitable para el alma, en esta vereda que nos dirige a una cima de madurez en Cristo Jesús nuestro señor. Podremos ver que los tiempos donde lloramos y somos presionados no son para nuestra destrucción, es decir, es una especie de entrenamiento para lograr en nuestra vida la clase de actitud que permita la semilla de la palabra de Dios, sembrada en nosotros, germinar para que produzca el carácter que se requiere a fin de llevar el fruto del Espíritu y un fruto que permanezca. El sabio Salomón lo expresó de esta manera:

> *"Mejor es el pesar que la risa, porque con la tristeza del rostro se enmienda el corazón".*

Eclesiastés 7:3

El alfarero tiene una visión de lo que quiere hacer con el barro, tiene un proceso para llevar a cabo esa obra y tiene sus manos que le darán al barro la forma que existe en el corazón del que le ha escogido. Muchas veces nosotros al enfrentarnos con estos procesos por cuanto son dolorosos, no alcanzamos a mirar el propósito final que hay en el corazón de nuestro alfarero y golpea la desesperación que impulsa al alma a reprochar algunas veces a la gente a nuestro alrededor, algunas otras a nosotros mismos por la frustración que trae la impotencia humana ante el sufrimiento, y lo peor muchas veces le reprochamos a Dios. Sentimos que es él el que se propuso destruirnos, castigarnos, azotarnos, y abandonarnos. Así lo sintió Job cuando pasó por su proceso de dolor y expresó:

Tus manos me hicieron y me formaron, ¿y luego te vuelves y
me deshaces?
Acuérdate de que como a barro me diste forma,
¿y en polvo me has de volver?
¿No me vertiste como leche, y como queso me cuajaste?".

Job 10:8-10

El proceso es doloroso porque trae el rechazo de la gente cuando te miran caído, débil y vulnerable. Es frustrante porque golpea el orgullo de la autosuficiencia humana, te lleva a reconocer que no eres tan fuerte como creías, ni tan justo, ni tan capaz. Pero sobre todo es desesperante cuando no se entiende qué es lo que Dios está haciendo, cuando no tiene sentido la pérdida, ni los desiertos y muchas veces los valles de sombra de muerte parecen interminables.

Lo glorioso de los tratos de Dios con nosotros es la experiencia de conocerle a él en una manera personal e íntima. Te darás cuenta que Dios es insistente en su obra en ti, que no importa que tan difícil y largo sea el proceso el no desistirá de lo que quiere hacer contigo. Algunos comenzaron contigo pero ahora ya no están, otros prometieron apoyarte hasta el final pero se fueron en medio de las tormentas dejándote a la intemperie de la soledad.

Aprenderás que las cosas en este mundo son temporales, que el hombre falla y el amor humano es condicional, pero que lo que Dios se propuso en ti, pase lo que pase él lo cumplirá y lo llevará a la plenitud. Job lo expresó así:

"Pero si él decide una cosa, ¿quién lo hará cambiar? Lo que desea, lo realiza. Él, pues, llevará a término lo que ha decidido en cuanto a mí, y muchas cosas semejantes que tiene en su propósito".

Job 23:13-14

Toda vida tiene su proceso de formación, toda obra de arte tiene su tiempo de espera, toda clase de fruto tendrá que atravesar por las diferentes temporadas para llegar ser alimento para la humanidad, todo hijo de Dios pasará por el fuego de la prueba y los procesos Divinos para llegar a la plenitud del propósito por el cual fue creado. En medio del dolor del sufrimiento ten en cuenta que Dios no te llevó al desierto para matarte, ni permite los valles de lágrimas para destruirte, más bien ese proceso es para transformarte.

HIGOS BUENOS, HIGOS MALOS

El pueblo de Israel es un claro ejemplo del Dios que es amorosamente insistente en el plan que se trazó hasta perfeccionarlo. Muchas veces miramos con asombro al pueblo de Israel correr tras dioses ajenos, negar la roca que les dio salvación, corromperse con la idolatría de los pueblos, caer en lo más bajo de la infidelidad a Dios pero aun así miramos el proceso divino para limpiarlos, transformarlos, renovarlos, hacerles de nuevo. La cautividad que fue anunciada por el profeta Jeremías y que muchos no quisieron escuchar, era el mensaje de corrección para el pueblo de Israel, que anunciaba un tiempo de cautividad y un proceso de dolor. En estas temporadas de inviernos que son inevitables en la vida terrenal, es realmente donde el alma crece aunque siempre por instinto de sobrevivencia los rechaza. Dios le mostró al profeta Jeremías una visión que definitivamente pone colirio en nuestros ojos para ver más allá del sufrimiento y tener nuestros ojos puestos en la meta final que Dios se ha propuesto para nuestras vidas.

> *"Después de haber transportado Nabucodonosor, rey de Babilonia, a Jeconías, hijo de Joacim, rey de Judá, a los príncipes de Judá y los artesanos y herreros de Jerusalén, y haberlos llevado a Babilonia, me mostró Jehová dos cestas de higos puestas delante del templo de Jehová".*
>
> **Jeremías 24:1**

La cautividad llegó con el propósito final de purificación, transformación de manera que el pueblo de Israel llevará el fruto que Dios había preparado para ellos. Siempre que pasamos por procesos donde el alma es agobiada, nuestras fuerzas se acaban y Dios te lleva exactamente al lugar donde no quisieras ir, es inevitable cuestionar, razonar y aun dudar de que Dios esté todavía a nuestro lado. Ahí es cuando los amigos abandonan, la gente juzga, los que prometieron olvidan y el dolor del alma se exterioriza con lágrimas. Lejos que Dios te haya abandonado, te tiene cerca de su corazón. Estas canastas en la visión, el profeta las ve delante del templo de Jehová. Lo higos malos representaban al pueblo de Israel que no quiso pasar por el sufrimiento, se rehúso a los procesos de Dios de manera que eran tan malos que no se podían comer. Por otro lado, los higos buenos representaban los deportados de la tribu de Judá, a quienes Dios había mirado con misericordia para mostrar en ellos su gloria y hacerles bien. Has llegado a pensar que en ese lugar donde te encuentras de dolor y pérdida, de sufrimiento y lágrimas es para que quedes avergonzado, has pensando que ahí es tu destino final, que el error que cometiste es tan grave que no hay para ti esperanza. La verdad es que Dios te llevó ahí para que le conocieras en una manera más profunda, personal, íntima y sublime. Ahí él va hablarte al corazón para darle vida una vez más y te dará promesas que tus ojos verán cumplidas en ti y en tu generación. Ten paz, estás en las manos del divino alfarero.

> *"Así ha dicho Jehová Dios de Israel: Como a estos higos buenos, así miraré a los transportados de Judá, a los cuales eché de este lugar a la tierra de los caldeos, para bien. Porque pondré mis ojos sobre ellos para bien, y los volveré a esta tierra, y los edificaré, y no los destruiré; los plantaré y no los arrancaré. Y les daré corazón para que me conozcan que yo soy Jehová; y me serán por pueblo, y yo les seré a ellos por Dios; porque se volverán a mí de todo su corazón".*
>
> **Jeremías 24:5-7**

La visión de Dios para nosotros es que llevemos mucho fruto y que ese fruto permanezca. Esto más que un ministerio o actividad es una vida, un carácter, la esencia de Cristo formada en nuestra alma para que él sea el primogénito entre muchos hermanos. En su muerte Jesucristo fue herido, molido, azotado, abatido, angustiado, despreciado y en esos golpes que recibió no solamente en su cuerpo sino en su alma, que fue comprimida por la ira de Dios padre sobre él, se llevaba a cabo el proceso para que el grano de trigo muriera, para que no quedará solo, para que al resucitar llevará a muchos hijos a la gloria. ¡Gloria a Dios por los sufrimientos de Cristo, porque de la misma manera que la roca en el desierto fue herida y broto agua para saciar la sed de un pueblo rebelde de estos mismos sufrimientos también se desprenden las fuentes de salvación de donde bebemos y saciamos nuestra sed en los desiertos de nuestra vida. De la misma manera nosotros llevamos en las experiencias de nuestra vida la muerte de Jesús, seremos heridos como él lo fue, traicionados como él fue traicionado y pasaremos por muerte en muchas maneras, sin embargo, siempre en nosotros la vida de Cristo también se manifestará.

> *"Llevando en el cuerpo siempre por todas partes la muerte de Jesús, para que también la vida de Jesús se manifieste en nuestros cuerpos. Porque nosotros que vivimos, siempre estamos entregados a muerte por causa de Jesús, para que también la vida de Jesús se manifieste en nuestra carne mortal".*
> **2 Corintios 4:10-11**

En la enfermedad Dios manifestará su poder sanador, en la tristeza podremos experimentar su brazo de consuelo, en el dolor miraremos su mano de restauración y aun en medio de la muerte, su poder de resurrección nos levantará. La realidad de ser quebrantados y afligidos en la tribulación es innegable, sin embargo una y otra vez, Dios manifestará su vida en nosotros. El señor Jesús, la noche que fue entregado tomó pan y lo partió diciendo: Este es mi cuerpo. La iglesia es su cuerpo, nosotros como su carne, sus huesos y él mismo nos ha tomado en sus manos para quebrantarnos como ese pan que fue llevado por el proceso desde que el grano de trigo murió, fue sepultado, creció, fue trillado y molido, pasado por el horno hasta convertirse en pan. Hay un mundo moribundo, hambriento, necesitado de Dios y de su palabra. Que está cansado del eco de la religión vana, que buscan sustento. Una vez más Jesucristo está tomando su pan, su cuerpo, esta vez ese alimento es su iglesia y el Señor le dice al mundo: Tomad comed este es mi cuerpo que entre vosotros es partido. Esa es exactamente la plenitud a donde Dios quiere llevarte, cada experiencia en las manos divinas aunque parecieran de muerte están manifestando en ti la vida de Cristo Jesús. Ten esperanza en tu dolor, serás de alimento para muchas gentes.

La madre joven que quedó viuda, que perdió no solo su esposo, sino después también su segundo hijo y que no encontraba ni el sentido ni el propósito de tan grande tragedia, quedó repentinamente desamparada, sin la ayuda de nadie, ni familiares ni amigos. Una vecina, anciana de un gran corazón, se dio cuenta de su sufrimiento y le tocó a su puerta para ofrecerle su amistad, su ayuda y para hablarle del amor de Dios. La joven viuda había anidado amargura ya en su corazón, porque exclamó: ¿Cómo un Dios de amor permitiría que muriera mi esposo y después mi hijo? La anciana fue paciente, amorosa y la buscaba constantemente para invitarle a la iglesia, a lo cual ella de primero se rehusó. Después de un tiempo ante la insistencia de aquella anciana la joven aceptó, fue a la iglesia pero se sentó en la parte de atrás, y antes que terminará el servicio se fue. Sin embargo, regresó la siguiente semana y no pasaron muchos servicios que ella había asistido, cuando el predicador hablaba las palabras de Jesús, quién dijo: "Si alguno esta trabajado y cargado, venga a mí que yo le haré descansar". Ella supo en ese momento que era Dios llamándole y fue corriendo con lágrimas al altar donde derramó su corazón y le entregó su vida a Cristo Jesús. Dios recogió los pedazos rotos de su alma, le restauró, le dio un esposo dentro de la iglesia y una familia, la cual aun en medio de todo el dolor y necesidad que experimentó, le sirvieron a Dios. Sus hijos ahora son predicadores, han compartido el evangelio de Cristo a miles de personas, ella misma se convirtió en una predicadora de esperanza, siendo el medio por el cual incontables personas fueron consoladas, ministradas y encontraron en ella una mujer que, aunque pasó por el dolor y el sufrimiento, fue transformada por el poder de Dios, dejando un testimonio de cómo aun en medio de la muerte se puede ver brotar la vida de Cristo en una manera sobrenatural. Yo lo sé, porque un hijo de ella es quien escribe este libro. Esa gran mujer de fe es mi madre.

REVERDECERAS

Nací y me crie en la ciudad de México y, para decir verdad, nunca me percaté de la riqueza del campo hasta que inmigramos con la familia siendo aun adolescente al Valle Central en California, también conocido como el Valle de San Joaquín, al norte de Los Ángeles. Un lugar de tierra fértil, de prados, campos llenos de vida, fruta, vegetación, rodeado de montañas con sus cúpulas llenas de nieve, y ríos que descienden intrépidos, trayendo vida a todo el valle haciéndolo uno de los lugares más ricos en agricultura en todo el mundo. Mi llegada ahí fue en invierno. Recuerdo haber sido impactado por la terrible escena de una neblina que impedía la visibilidad en las carreteras y hacía de todo ese valle hermoso un lugar escalofriante, incierto, tenebroso. Los campos llenos de árboles tristes, sin hojas, sin vida. La gente del campo arropada trabajando en la poda de esos árboles, tomando café. Algunas veces en invierno heladas terribles amenazaban con matar la cosecha del siguiente año, trayendo la terrible escena de la pérdida. Mi primer reacción fue de melancolía, un poco porque había dejado mi tierra natal atrás para tal vez nunca volver a ver la gran ciudad y otro poco por la impresión del frío de muerte con neblina que cubría toda la región.

Pero qué sorpresa pasados unos meses, los almendros se vistieron de flores blancas y rosas anunciando la primavera. Ese árbol florece primero que todos al final del invierno, cantando la melodía de esperanza, y como un atalaya, proclamando que viene una nueva temporada, la gloriosa primavera. Todo el valle comienza a reverdecer, a vestirse de colores para el desfile de un tiempo que ha llegado con el espectáculo de resurrección. Nunca en este tiempo de invierno mire un árbol deprimido, con ganas de morir o buscando consejo para saber qué hacer porque estaba rodeado de muerte. La sabiduría que Dios puso en la naturaleza le enseña al árbol que mientras siga plantado en esa tierra fértil, por muy duro o alargado que haya sido el invierno, la temporada va a cambiar y el ciclo de la vida se repetirá.

La perspectiva divina que le dará reposo al alma es saber que Dios obra en ciclos siempre, en temporadas. Que los otoños cuando toda comienza a caer y en los inviernos cuando todo muere es mejor esperar en el Señor, fortalecernos en él, confiar en sus promesas y celebrar que viene un nuevo tiempo de primavera después de cada invierno. Cuantos matrimonios deciden separarse en un terrible divorcio porque pasaron por algún invierno en sus vidas, cuántos hijos se van de la casa antes de tiempo, cuántos ministerios se dan por vencidos en medio de una crisis, cuánta gente termina con su propia vida porque atravesaron por un terrible frío de muerte que les mató la esperanza. La realidad es que todas las temporadas pasan, pero el amor de Dios permanece para siempre. Salomón el sabio lo dijo así.

> *"Sale el sol, y se pone el sol, y se apresura a volver al lugar de donde se levanta. El viento tira hacia el sur, y rodea al norte; va girando de continuo, y a sus giros vuelve el viento de nuevo. Los ríos todos van al mar, y el mar no se llena; al lugar de donde los ríos vinieron, allí vuelven para correr de nuevo".*
> **Eclesiastés 1:5-7**

Todo Dios lo estableció en ciclos, temporadas que al terminar han dejado en la tierra su efecto del proceso divino para establecer el orden que Dios en su sabiduría ha dado a la creación. El sol, la luna, la tierra, el orden del universo está hecho en círculos. La vida emocional y también la espiritual de la misma manera han sido establecidas por el Señor en ciclos. Procesos de cúspides en victorias y éxitos que nos darán la fuerza para pasar por los valles y profundas experiencias de dolor, tristeza y pérdida. Y cuando todo pareciera que será así, Dios vuelve a elevarnos a satisfacciones al final de las temporadas que nos dan mucho fruto. El fruto que recogemos es en todos los aspectos una realidad. Físicamente, algunas veces económicamente, emocionalmente, pero más aun, si hemos aprendido a asimilar la voluntad de Dios en estas temporadas, el crecimiento en madurez y carácter será el fruto que más perdure, hasta la eternidad.

En cada etapa hay una lección, un aprendizaje y una oportunidad para ver la mano de Dios manifestada y conocerle en una manera más personal e íntima. De la misma manera Dios nos da el privilegio de que en esas temporadas podamos adquirir la experiencia en la fe para poder ministrar a otros. De manera que cada proceso del Señor nos deja huellas de los tratos de Dios con nosotros, que nos dan formación y tienen como propósito final, ser una expresión de la gloria y la gracia de Cristo Jesús en nuestras vidas.

El hombre que posiblemente sufrió más en la vida, después de Cristo, fue Job. Su vida es sinónimo de sufrimiento, de dolor, del estrago repentino que la vida trae. Su historia ha inspirado a muchos a encontrar esperanza aun en medio de la agonía. Pensar que en el mismo día lo perdió todo, sus hijos, sus bienes, su salud y el respeto aun de su esposa, deseándole ella misma la muerte, es inimaginable a nuestra mente. Sus amigos vinieron a verle, callados le observaron, llegando cada uno a sus propias conclusiones del porque le habría venido tan repentina desgracia, y más a un hombre que entre todos era justo. Sus opiniones giraban alrededor de lo que lo mayoría de la gente piensa acerca de la calamidad: Es por la consecuencia del pecado, es un castigo divino, es la imprudencia del hombre, es una injusticia. Job trató de defender su causa cayendo en el error de querer auto justificarse, llegando a un punto donde él mismo maldice el día que nació y piensa que la muerte hubiera sido mejor.

En su angustia y desesperación, Job mira a su alrededor y contempla un fenómeno que, aunque es ordinario en la naturaleza, en medio de su agonía lo describe como extraordinario. Job observó la muerte, la sepultura y el principio de resurrección aun en la creación y dice:

> *"Porque si el árbol fuere cortado, aun queda de él esperanza; retoñará aun, y sus renuevos no faltarán. Si se envejeciere en la tierra su raíz, y su tronco fuere muerto en el polvo, al percibir el agua reverdecerá, Y hará copa como planta nueva".*
>
> **Job 14:7-9**

Job alcanza a mirar que aun en el tronco de un árbol al filo de la muerte, Dios ha dejado la esperanza maravillosa de resurrección, aun si en la tierra su raíz se envejeciera, queda todavía algo porqué esperar, si el árbol fuere totalmente cortado puede, al percibir el agua, volver a dar copa como planta nueva. Si Dios ha dejado ese principio en la creación, cuánto más para nosotros que somos la hechura de sus manos, la corona de su creación. Tu vida pudiera haber sido ya arrancada desde la raíz, la gente bien pudo haber dado su veredicto de muerte acerca de tu familia, hijos, matrimonio. Tu mismo puedes sentir que estás envejeciendo y las ganas de vivir se van agotando poco a poco. Pero queda aun esperanza, el agua de la palabra de Dios te hará reverdecer, darás fruto, mucho fruto y tus ojos mirarán la gloria de Dios.

Es necesario reconocer que aun teniendo la palabra de Dios como promesas, que sabemos han de cumplirse, es muy difícil para nuestra alma asimilar el sufrimiento. Job mira la creación con desdén. Se siente mucho menos que un tronco de un árbol. Comienza a expresar su dolor emocional, siente que hay más esperanza para una raíz envejecida que para él.

"Mas el hombre morirá, y será cortado; perecerá el hombre, ¿y dónde estará él?

Como las aguas se van del mar, y el río se agota y se seca, así el hombre yace y no vuelve a levantarse; hasta que no haya cielo, no despertarán, Ni se levantarán de su sueño. ¡Oh, quién me diera que me escondieses en el Seol, que me encubriese hasta apaciguarse tu ira, que me pusieses plazo, y de mí te acordaras!".

Job 14:10-13

Es importante aquí saber que Job está haciendo lo correcto al expresar su sentir a Dios. El problema de muchos es que cuando están en crisis buscan a alguien a quién puedan confiarle su aflicción, quién pueda escucharles su dolor. El problema con eso es que después de un rato ya no habrá un afligido sino dos. Pero cuando le contamos nuestras crisis a Dios, cuando derramamos el corazón delante de su presencia, siempre algo sobrenatural sucede, Dios tiene el poder de cambiar nuestras cenizas en gloria, nuestras quejas en alabanza, nuestro luto en danza, nuestra tristeza en alegría. Pareciera que en medio de esa queja Job tiene una visión maravillosa que nace de la pregunta que resuena en el interior de toda la humanidad: Si el hombre muriere, ¿volverá a vivir?

Incontables veces nosotros mismos hemos elevado el clamor desesperado al cielo preguntando ¿volveré a vivir? Después de la crisis financiera, después del invierno terrible del divorcio, después de la tormenta familiar, después de la desesperante perdida de un ser querido, después de la difamación, después de la caída, ¿volveré a vivir? Dios te llevó ahí, en ese desierto de soledad, en ese valle de sombra de muerte para mostrarte una gran verdad que te sostendrá siempre sin importar cual sea el ciclo que te encuentres en tu vida: El cristiano siempre volverá a vivir. El grano de trigo muere, pero lleva mucho fruto. Las lágrimas nublan los ojos pero nos encaminan a la consolación, la caída te ha humillado pero de ahí Dios te levantará. Esa verdad es una columna en donde firmemente puedes sostenerte cuando tus pies pierdan fuerzas y tu alma desespere. Job lo expreso así:

> *"Si el hombre muriere, ¿volverá a vivir? Todos los días de mi edad esperaré, hasta que venga mi liberación. Entonces llamarás, y yo te responderé; Tendrás afecto a la hechura de tus manos".*
>
> **Job 14:14-15**

La convicción que Job muestra por la revelación del propósito de Dios es saber esperar en él. Esperar en Dios es una señal de madurez. Es el fruto que ha dejado el haber llegado a la orilla del precipicio de la derrota cuando todos te han abandonado y lo único que te queda es esperar en Dios. La contundente respuesta de Job a la pregunta de incertidumbre del alma es: Todos los días de mi edad esperaré. No ha habido nadie que ha esperado en Dios y haya sido defraudando. Los que han puesto su esperanza en Jehová jamás serán avergonzados, los que esperan en Dios se renuevan como las águilas.

El sufrimiento que vino con la intención de matar en ti la fe, de acabar con tus ganas de vivir, de intencionalmente dejarte en la ruina de tus sueños rotos ha logrado una cosa que ni el éxito, ni la felicidad, ni el orgullo por victorias ganadas puede lograr. El sufrimiento te ha dado la capacidad de no confiar en ti mismo sino en el Dios que resucita a los muertos. Esa es la gema en la corona de victoria del cristiano.

> *"Pero tuvimos en nosotros mismos sentencia de muerte, para que no confiásemos en nosotros mismos, sino en Dios que resucita a los muertos".*
>
> **2 Corintios 1:9**

Es precisamente en las experiencias más dolorosas que el oído de la fe es abierto para escuchar la palabra potente de Dios. Job dijo: "Entonces llamarás, y yo te responderé". Y Dios está llamando, su voz esta resonando. Él se ha parado enfrente de la piedra con la que taparon la tumba del fracaso en donde te escondiste, el divino Maestro está llamando por tu nombre: Ven fuera.

Él tendrá afecto a la hechura de sus manos. Terminará en ti lo que comenzó. Reverdecerás.

SEGUNDA
PARTE

CRISTO NUESTRO PUNTO DE PARTIDA
Y NUESTRA META FINAL

"Por sus frutos los conoceréis".
Jesucristo

"Sed imitadores de mí, así como yo de Cristo".
El apóstol Pablo.

"Pues para esto fuistéis llamados; porque también Cristo padeció por nosotros, dejándonos ejemplo, para que sigáis sus pisadas".
El apóstol Pedro.

"El que dice que permanece en él, debe andar como él anduvo".
El apóstol Juan.

Hay momentos en la vida, especialmente cuando se sufre, que el deseo más lógico es saborear la eternidad donde se nos ha prometido no habrá más llanto ni sufrimiento. Sin embargo, Dios nos deja aquí, el alma siente muchas veces que nuestro Padre celestial se complace en mirarnos sufrir o al menos es algo que no le incomoda lo suficiente como para erradicarlo y acabar con eso de una vez por todas. Cuando no se encuentra sentido de propósito en el sufrimiento es realmente frustrante, desesperante, aterrador. Las profundas verdades de la soberanía divina que encontramos en el libro de Job son realmente edificantes. Creo que una es la principal y va dirigida específicamente al sufrimiento humano: Nada de lo que Dios hace en nosotros lo hace sin algún propósito específico que nos lleve a conocer su naturaleza en una manera íntima. En otras palabras usted puede confiar que todo, absolutamente todo lo que experimentamos en la vida tiene como propósito principal conocer íntimamente la naturaleza de nuestro Padre.

"Oye, te ruego, y hablaré; te preguntaré, y tú me enseñarás. De oídas te había oído; mas ahora mis ojos te ven".

Job 42:4-5

Cuando admiramos la hermosura de nuestro Dios y nos damos cuenta que la pérdida, la crisis, la calamidad no nos mató y somos llevados a humillación en el alma de la prepotencia del esfuerzo propio, comenzamos entonces a depender de Dios y un anhelo comienza a brotar en el interior de nuestro ser: Queremos ser como él es.

Ese anhelo es genuino en nuestra alma, especialmente cuando comenzamos nuestro caminar de fe en Jesucristo y debería ser la meta final de cada cristiano. El problema surge cuando el esfuerzo propio quiere intervenir en el proceso divino y pensamos que a través de nuestras fuerzas o enfoque humano llegaremos a esta sublime meta. La realidad es que Jesucristo dijo "Yo edificaré mi iglesia". Él, cómo divino alfarero, nos formará hasta llevarnos a la plenitud que él mismo diseño para nosotros, tanto como para toda la iglesia, así como para cada cristiano individual. Sin temor a equivocarme, puedo decirte que estás en las manos de aquel que te llamó y él mismo te está formando. Él mismo ha diseñado cada proceso de muerte, sepultura y resurrección para llevarte a la culminación del propósito eterno, que él mismo se propuso en su corazón hacer contigo. No es el diablo ni es la gente ni son las circunstancias ni es el destino que tiene el control de tu vida.

Es tu Padre celestial quien paso a paso está llevándote de victoria en victoria, de gloria en gloria. Y cuando los procesos se hayan completado, Cristo mismo dirá: "Esta es mi iglesia amada en la cual yo tengo complacencia".

EL LLAMADO A VENCER

Es vital para el cristiano entender desde el comienzo de su caminar en fe hacia donde el divino Maestro nos está llevando y cuál es la meta que hay en su corazón. Es sorprendente mirar a cristianos de años sin saber que meta alcanzar ni qué propósito es el por el cual Dios les llamó, y sin saber la voluntad de Dios. Esto provoca confusión, desánimo, desesperación y un caminar inestable. Especialmente en los momentos de sufrimiento y de prueba porque al cristiano inmaduro le será fácil cuestionar a Dios sin saber que lo que piensa que es para su destrucción, Dios lo ha diseñado para su crecimiento y para adquirir el conocimiento glorioso de la gracia divina y entonces dar gloria a Dios.

La manera más segura de conocer nuestro propósito es mirar a Cristo Jesús desde su nacimiento hasta su exaltación, contemplar la senda que él dejo en los procesos divinos para llevarnos a victoria. No hay nadie en la historia de la humanidad que tenga tanto fruto como Jesús, el hijo de Dios, contemplar su caminar, su obra, sus palabras, sus respuestas a las temporadas de la vida, su victoria ante la tentación, su fortaleza ante los sufrimientos y la misma muerte y aun más allá, su poder en la resurrección y su gloriosa exaltación nos dará una visión clara hacia dónde Dios nos está llevando.

Él nos dio su Espíritu y nos injertó la vida gloriosa de Jesucristo, el vencedor por excelencia, con el propósito de llevarnos en los procesos de muerte, sepultura pero también de resurrección que culminará con la victoria final de la iglesia sobre el diablo, la carne y el mundo. Para ti que no encuentras las respuestas a los porqués en medio de tu sufrimiento, es importante que recuerdes que Dios te llamó a vencer. Fuiste diseñado para reinar. Tomado de la escoria del mundo, de lo necio, lo ignorante para manifestar en ti la gloria del Cristo vencedor. No eres una víctima de la vida como lo incrédulos piensan, eres el plan eterno y glorioso de Dios para coronar su creación. Fuiste creado con el propósito, no solo que tus pecados sean perdonados, sino que lleves la misma gloria eterna de Dios en ti y que te sientes con él por la eternidad en su trono. Fuiste llamado a las alturas. Por eso es que ese accidente no pudo matarte, ni tus enemigos han podido lograr sus objetivos de destrucción contra ti, y es por eso que el diablo no puede maldecirte. Eres bendito de Dios, llamado a lo más alto de la majestad en él.

Cada vez que pasamos por los procesos de muerte es verdad que hay pérdida, dolor y desánimo; pero también es verdad que de ahí nos librará nuestro Dios y nos sacará a lugar espacioso para darnos prosperidad. Miremos la vida de Jesucristo en detalle. Contemplemos cómo nuestro caminar es tan similar a la vereda que él caminó. Y al final veamos cómo llevaremos mucho fruto, a pesar de los desiertos y tiempos de sequedad simplemente porque él dijo: "Yo soy la vid verdadera y mi Padre es el labrador". Al final podremos comprender en plenitud lo que Dios está haciendo, hacia donde él nos está llevando, cuál es el propósito en medio del sufrimiento y podremos, sobre todo, tener una visión de la eternidad y el resultado final que será cuando él venga al huerto que él planto, y mire que el trabajo y el cuidado tuvieron un resultado maravilloso. Su huerto ha dado a luz el aroma de la cosecha y el fruto, cuando él lo lleva a su paladar es dulce y sabe a la misma esencia de Cristo en nosotros. El fruto es él, la vida de él brotando en nuestras vidas.

PRIMER PROCESO:
SE DESPOJÓ A SÍ MISMO

*"He creído que he recibido a Jesucristo en mi
corazón. He creído que él ha perdonado
todos mis pecados".*
Billy Graham

"Jesucristo es la condescendencia de la Divinidad
y la exaltación de la humanidad".
Phillips Brooks

"Aquel verbo fue hecho carne y habitó entre nosotros".
Apóstol Juan

"Grande es el misterio de la piedad, Dios fue manifestado en carne".
Apóstol Pablo

*"Haya, pues, en vosotros este sentir que hubo también en Cristo Jesús, el
cual, siendo en forma de Dios, no estimó el ser igual a Dios como cosa a que
aferrarse, sino que se despojó a sí mismo, tomando forma de siervo, hecho
semejante a los hombres; y estando en la condición de hombre, se humilló
a sí mismo, haciéndose obediente hasta la muerte, y muerte de cruz".*
Filipenses 2:5-8

El apóstol comienza con una exhortación a la iglesia a morir. "Haya pues este sentir que hubo también en Cristo, el cual siendo en forma de Dios no estimó el ser igual a Dios como cosa a que aferrarse. Para Pablo es importante que la iglesia de Filipo, y en todo el mundo, sepa que nuestro fundamento como cuerpo de Cristo no está en el orgullo de las posiciones ni en las cualidades humanas ni en la prepotencia que se muestran en los gobiernos y organizaciones que el hombre edifica, sino que nuestro fundamento de crecimiento está en el sentir que hubo en Cristo Jesús, quién teniendo la posición más alta, ser igual a Dios, no se aferró sino se despojó a sí mismo.

La palabra en el original da la impresión que se desvistió de su gloria y majestad. Como cuando lavó los pies a sus discípulos y relata la biblia que se quitó su manto. Jesucristo está en el seno del Padre, con la misma gloria que el Padre, el verbo echo uno con el Padre. Sin embargo, él no se aferró, se despojó, dejó su gloria. A diferencia de los que buscan victorias y triunfos en esta tierra, siempre son impulsados a derrotar a otros, a aferrarse a posiciones, a jactarse de lo que son y sus logros. Jesucristo es el rey humilde, el que tiene dominio sobre todo, no obstante, no demanda, él que tiene control de todo pero es paciente, él que es rey de reyes, pero se hizo el más excelente de los siervos. Se despojó haciéndose prácticamente nada.

El misterio más glorioso estaba ocurriendo ahí. Lo infinito haciendo finito, lo divino tomando forma terrenal, lo eterno confinado por el tiempo, lo fuerte hecho débil, el verbo hecho carne, Dios haciéndose hombre. El apóstol va a mencionar siete pasos de descenso, en este proceso de nuestro Señor, que lo llevaron de despojo hasta llegar a tomar forma del siervo humilde y obediente hasta la muerte y muerte de cruz. En una obediencia total a la voluntad de su Padre lo dejó todo para cumplir en totalidad el plan eterno de salvación. Estos pasos de descenso son:

1. Se despojó a sí mismo.
2. Tomó forma de siervo.

3. Hecho semejante a los hombres.
4. Condición de hombre.
5. Humillación.
6. Obediente hasta la muerte.
7. Muerte de cruz.

Aquí cabe mencionar que el primer llamado a morir para nosotros es, precisamente, cuando aceptamos a Jesucristo como señor y salvador. Muchos piensan que será todo resultado de victoria y bendiciones, pero la verdad es que Dios nos llama al altar a morir. A despojarnos del viejo hombre, de la vieja manera de vivir, de la vida pasada que está viciada con deseos y concupiscencias. Y a decir verdad uno muere a la familia, al trabajo, a las costumbres, a los hábitos, a las amistades y aun a uno mismo, a nuestros propios anhelos y sueños para vivir solo para él. Pero así como él, somos llamados a morir de la misma manera la promesa de una nueva vida en Cristo, es lo más glorioso que le puede suceder al ser humano. Morimos pero resucitamos a la novedosa vida de resurrección.

Mi madre aceptó a Cristo y completamente toda su vida cambió. Comenzó a criar a sus hijos en el camino del Señor y las cosas que el mundo le ofreció para darle estabilidad comenzaron a perder interés en su corazón hasta rendirse plenamente a los pies de Cristo, dejando toda la comodidad del mundo para poner prioridad a las cosas de Dios. Esto trajo la crítica y el rechazo de su familia y el reclamo no se hizo esperar. De tenerlo todo, poco a poco empezaron los procesos de Dios a formarle y la familia estaba ahí para recordarle que pudiera estar mejor sin su nueva religión. Recuerdo cuando mi abuela vino un día a visitarle; pensé que venía a darnos alguna herencia o al menos ayudarnos en la situación de pobreza que nos encontrábamos. Todo lo contrario, vino a decirle a mi madre que como había dejado la religión de sus padres y se había hecho "hermanita", se olvidara de su familia y para ella su hija estaba muerta. Mi madre se sostuvo firme en su fe y a pesar del abandono de la familia y de los amigos se aferró a Cristo, y cantaba un himno que hasta hoy en día su melodiosa voz resuena en mi memoria, y con una frescura que aviva la fe y la esperanza:

"Yo vivo feliz con mi Cristo, apasionado de Jesús estoy, porque en su amor infinito él mis culpas ya perdonó, su gracia divina ha llenado de gozo mi corazón, tu eres amor y contigo Jesús estoy.

"Jesús, no te dejo, no te dejo, nunca te dejaré.

Hasta saciar de tu amor todo mi ser,

yo vivo feliz porque en mi vida permaneces fiel

No dejo, no te dejaré".

"Te tengo abrazado tan fuerte que nadie me podrá apartar,

Y si la muerte me sorprende en mi vida Jesús está.

Yo solo en ti vivo seguro del peligro de todo mal.

Tu eres amor y contigo Jesús estoy".

Ciertamente encontrarás rechazo de muchos a causa de tu fe y posiblemente las dificultades en tu vida se multipliquen y pases por procesos de muerte, donde el alma sea afligida en muchas maneras hasta ser comprimida a renunciar a sus propios deseos. Ten esperanza, aférrate a Cristo, abrázate a la cruz del salvador, derrama tus lágrimas a los pies de tu salvador. Te darás cuenta que nada en este mundo vale la pena como un momento en su presencia y que vale más estar a sus pies que tener todo el oro de este mundo. En medio de tus procesos de muerte ven a él y escucha las promesas de su palabra que como agua en medio del desierto te darán fuerza para vivir e impartirán sobre ti vida eterna.

"Aunque mi padre y mi madre me dejaran, Con todo, Jehová me recogerá".

Salmos 27:10

"Sean vuestras costumbres sin avaricia, contentos con lo que tenéis ahora; porque él dijo: No te desampararé, ni te dejaré;

de manera que podemos decir confiadamente: El Señor es mi
ayudador; no temeré lo que me pueda hacer el hombre".

Hebreos 13:5-6

Lo primero que anhela nuestra alma y éste sea tal vez uno de los anhelos más fuertes del ser humano es vivir, vivir para siempre. Simplemente el pensamiento de morir es aterrador y nos aferramos a lo que sea necesario para sobrevivir. Cuando llega la amenaza de muerte, de cualquier manera, sea física, emocional, familiar, financiera o espiritualmente, siempre hace que la estabilidad de nuestra vida interna sea conmovida hasta pensar que no hay salida para nosotros. La muerte es el enemigo más temible para la humanidad.

Mientras escribo este libro he sido sorprendido con la terrible noticia de un diagnóstico médico que me ha obligado pasar por un proceso donde la amenaza de muerte ha sido latente y constante. A finales del año 2015 experimenté un dolor insoportable en mi cintura que me dobló hasta no poder pararme; sin nunca antes haber visitado un hospital, y estar ajeno a los doctores, me vi caminando lentamente por el pasillo que me conducía a la sala de emergencia, con la incertidumbre en el alma de qué es lo que pudiera estar mal en mi cuerpo. He sido una persona muy ocupada en la vida del ministerio, con una iglesia nueva que estábamos estableciendo mientras seguíamos al cuidado de tres obras más. Nuestro ministerio ya tenía presencia en la ciudad de Los Ángeles con un programa radial que se transmitía alcanzando a miles de personas diariamente. Lo que pasaba por mi mente era simplemente que no podía enfermarme, no en ese momento que me parecía importante para el ministerio, no cuando estaba viendo el fruto del esfuerzo de muchos años y los sueños por los cuales había trabajado arduamente y después haber pasado por un largo tiempo de espera comenzaba a verlos hechos realidad. Todo se estaba gestando de una manera sobrenatural.

Me hicieron algunos exámenes y después de algunas horas de espera, entró el doctor para mostrarme los resultados. Un tumor había abrazado completamente el riñón izquierdo que era precisamente lo que estaba causando el dolor y me había llevado a la cama de ese hospital. El doctor me recomendó ir con un especialista pero no sin antes decirme: No puedo darte un diagnóstico exacto, pero por mi experiencia, te puedo decir que lo que tienes es cáncer. El doctor me dejó solo y no puedo negar que mi alma se estremeció, pensé en mi familia, mis hijos, el ministerio y recordé mi niñez cuando Dios me llamó a servirle. Alcé mi mirada al cielo con lágrimas en los ojos y le dije al Señor: Desde mi niñez te he servido, toda mi vida te pertenece y está en tus manos, haz conmigo lo que tú quieras, si vivo es para ti, si muero para mí es ganancia.

Inicié el año 2016 visitando doctores, yendo de un consultorio a otro, pasando de una sala de operación a otra y comenzando por el doloroso tratamiento de quimioterapia, donde Dios quiso atravesarme por un valle de sombra de muerte, y hubo momentos que realmente pensé que Dios me llamaba a su presencia. En medio del proceso del dolor, la pregunta que resuena en el interior del alma siempre es: ¿Por qué Dios permite esto? ¿Por qué a mí? ¿Por qué en este momento y de esta manera? La respuesta siempre llegó a tiempo, como lluvia en el desierto, y las lecciones espirituales pasmadas en estas páginas se hacían cada vez más reales para mí. Dios me confirmó que esa enfermedad no era para muerte sino para ver su gloria, y en una manera práctica, experimentar el saber despojarme de lo que uno siente necesario, de lo que a uno le da seguridad. En esos momentos las palabras de Jesús se hicieron vida en mi corazón trayendo sanidad a mi anhelo de preservación:

> *"El que ama su vida, la perderá; y el que aborrece su vida en este mundo, para vida eterna la guardará".*
>
> **Juan 12:24**

El cristiano repetidas veces va a travesar por este tipo de procesos, si no es de enfermedad, será de experiencias donde sentirá la muerte imponerse en una manera real. Cuando no logra ver la visión completa, de lo que Dios está haciendo en su vida, tiende a desesperarse, retroceder y, como el pueblo de Israel, renegar en contra de su hacedor. Dios quiere que mires con atención a Jesús el hijo amado y que tengas ese mismo sentir, que al dejar su trono de gloria no se aferró sino se despojó. Sin embargo, al hacerlo está asegurando el camino a la exaltación suprema, donde toda rodilla se ha de doblar ante él y toda lengua confesará que solo Jesucristo es el Señor.

No te aferres a la comodidad de tu presente, ni al cariño frívolo de la gente, ni a lo que tú piensas es tu fundamento de vida. No te aferres a lo que este mundo llama seguridad, Dios quiere vaciarte de la dependencia de esta tierra y que veas que somos peregrinos aquí, nos espera una morada eterna y todo lo que vemos es temporal. El proceso que Dios diseñó de la vida te irá quitando poco a poco todo lo que sientes que te pertenece, por eso entre más pronto entiendas que fuiste llamado a morir a todo lo temporal, y aun a ti mismo, y te rindas en los brazos de tu Señor, podrás disfrutar de una vida que tiene como fuente de gozo y fortaleza la inagotable vida de Jesucristo. Y es precisamente ahí donde el proceso de muerte y sepultura se convertirá en una experiencia de resurrección, a una vida que no es tuya sino la vida de Cristo en ti, fluyendo de una manera sobrenatural dando gloria al Padre siempre.

> *"Y si morimos con Cristo, creemos que también viviremos con él; sabiendo que Cristo, habiendo resucitado de los muertos, ya no muere; la muerte no se enseñorea más de él. Porque en cuanto murió, al pecado murió una vez por todas; más en cuanto vive, para Dios vive. Así también vosotros consideraos muertos al pecado, pero vivos para Dios en Cristo Jesús, señor nuestro".*
>
> **Romanos 6:8-11**

Cuando comprendemos que la vida que poseemos no es nuestra y estamos dispuestos a perderla, a dejar ir el control, a rendirnos a la soberanía de nuestro Dios ahí es cuando realmente comenzaremos a vivir. Este proceso es difícil para nosotros porque a nuestra alma le gusta sentir que tiene el control. La realidad es que en casi todas las cosas no tenemos la facultad ni el poder de decidir, la vida está llena de circunstancias que van más allá de nuestras fuerzas y mucho más allá de nuestro núcleo de control. Sin embargo, es ahí donde la palabra de Dios se hace tan tangible que invade nuestra realidad humana con la lluvia de sus promesas a nuestra frágil existencia. Las dificultades que tiene la vida y los momentos de sufrimiento hacen posible que podamos reconocer que no somos tan fuertes, ni tenemos todas las soluciones a nuestra mano y eso nos lleva a encarar la gloriosa verdad que solo de Dios es el poder.

Pareciera que ésta es la más terrible de las humillaciones para el ser humano, pero que dicha contemplar en medio de nuestros imposibles la mano poderosa de Dios, rescatándonos de la misma muerte para salir de ahí con un aroma de alabanza y reconocimiento de sus maravillas. Cuando te encuentras en la cama de un hospital con una sentencia de muerte sobre ti, con tus fuerzas acabadas, con tu ánimo destrozado y con muy pocas probabilidades de vida, lo único que resta es esperar en Dios, rendirte a la voluntad del creador y confiar en lo que él ha prometido.

Un año tres meses duro el proceso por el cual Dios me permitió atravesar. Un proceso de pérdida, de tristeza, de constante amenaza de muerte. El cáncer había avanzado agresivamente, llenando mi abdomen completo de células enfermas, que rápidamente devoraban mis órganos. Cuando me dijeron los doctores que el cáncer había llegado a mi hígado, y habían encontrado veinticuatro tumores pequeños que amenazaban con arrancarme las últimas fuerzas que me quedaban, sentí desmayar. Algunos amigos, gente cercana a mí, había ya perdido la batalla contra esta terrible enfermedad y yo no tenía muchas esperanzas de vida, solo una promesa divina: Esta enfermedad no será para muerte sino para que yo sea glorificado. Eso bastó para aferrarme a la vida y luchar con toda mi fe puesta en el Jesucristo para sobrevivir.

Dios me dio la victoria por su gracia. Esa sentencia de muerte se convirtió en el más grande testimonio de sanidad divina que en mi persona he experimentado. Dios me sacó de muerte y de un proceso de sepultura sin poder hacer nada sino esperar en él a la experiencia gloriosa de resurrección. Estoy libre de cáncer por su pura gracia.

Tal vez estás precisamente experimentando un proceso donde sientes que tú alma está siendo destrozada y has llegado al final del camino, al filo de la muerte. Una cosa puedes tener por seguro que para los que aman a Dios todas las cosas les ayudan para bien y que en esa circunstancia sea por vida o sea por muerte Dios se glorificará. Descansa en la soberanía divina y sabrás que los que han puesto su esperanza en Dios nunca han sido avergonzados. Tu prueba hoy será tu testimonio del poder de Dios.

SEGUNDO PROCESO: DE EGIPTO LLAME A MI HIJO

*"El mundo no es un espectáculo,
es un campo de batalla".*
Giusippe Mazzini

"Llevo en mi mundo que florece, todos
los mundos que han fracasado".
Rabindranath Tagore

"El mundo pasa y sus deseos".
Apóstol Juan

"Nada hemos traído a este mundo, y sin duda nada podremos sacar".
Apóstol Pablo

*"Y él, despertando, tomó de noche al niño y a su madre, y se fue a Egipto,
y estuvo allá hasta la muerte de Herodes; para que se cumpliese lo que dijo
el Señor por medio del profeta, cuando dijo: De Egipto llamé a mi hijo".*
Mateo 2:14-15

En la biblia Egipto es un símbolo del mundo, y al menos hay tres aplicaciones para este concepto. La biblia se refiere al mundo como al planeta Tierra y todo lo que en él hay. También al mundo, específicamente hablando, de toda la gente que habita el orbe. Sin embargo, los escritores del Nuevo Testamento hacen referencia al mundo como un sistema de cosas que están bajo el control de las tinieblas, las cuales son utilizadas para controlar a los hijos de desobediencia. Este sistema de cosas, no necesariamente siempre es pecaminoso, sino puede ser cualquier cosa terrenal que ocupe la prioridad en nuestras vidas antes de Dios, cosas mundanas, temporales, terrenales. La vida de nuestro señor Jesucristo fue marcando el camino por donde nosotros, sus discípulos, hemos de atravesar, siguiendo sus pisadas. Él fue llevado a Egipto, el tipo del mundo, para que el llamado a salir del mundo se cumpliese en él y así nosotros pudiéramos comprender que hemos, de la misma manera, sido llamados a no pertenecer al sistema terrenal.

Este mundo tratará siempre de acaparar tu atención de dos maneras. La primera es mostrarte su gloria pasajera. Puede llegar a ser tan hermosa la vida en esta tierra, con sus placeres, con el entretenimiento que incita las emociones del alma, con sus paisajes paradisíacos, que nos hacen creer que éste es el cielo, y sus momentos de satisfacción ofrecen al ser humano la ilusión de alcanzar una cima de éxito, nos hace pensar durará para siempre y con todo esto olvidar que todo lo que vemos es pasajero, temporal, frívolo.

El sistema del mundo quiere que te enamores tanto de esta vida terrenal que lo único que salga de tu corazón sea la exaltación de todo lo mundano, quitando así tus ojos de la vida eterna y llevándote al abismo de una vida materialista, vacía de propósito, enferma de la vanidad de todo lo que hay debajo del sol. Nunca debemos olvidar que fuimos creados para la alabanza de la gloria de Dios. Y aunque debemos siempre vivir agradecidos con toda la provisión que Dios nos da en esta tierra, con las oportunidades que se nos presentan y con los logros y comodidades que podamos tener, debemos siempre recordar que solo somos peregrinos en esta tierra. Nunca lo que en este mundo podamos lograr adquirir se comparará con las riquezas de la gloria en Cristo Jesús. Nada trajimos a este mundo, nada nos podremos llevar. Vivir siempre con una visión más allá de lo temporal, puesta nuestra visión en lo eterno nos ayudará a no tener nuestro corazón en esta tierra. Somos celestiales, nuestra patria es celestial, nuestro llamado es celestial, nuestra gloria es celestial.

> *"No mirando las cosas que se ven, sino las que no se ven; pues las cosas que se ven son temporales, pero las que no se ven son eternas".*
>
> **2 Corintios 4:18**

La otra manera que el mundo intentará envolver tu vida para llevarla a muerte es a través del sufrimiento. Igual que el éxito en esta tierra es importante entender que el sufrimiento es temporal, la vida tiene un balance de cimas altas de satisfacción y de valles profundos de sufrimiento; sin embargo, en las dos experiencias es vital mantener una visión más allá de esta vida pasajera. Cuando estamos pasando por circunstancias difíciles nos cuesta mirar que eso tendrá un final y mucho más nos cuesta ver que tendrá un final de gloria, pero la realidad es que el sufrimiento, comparado con la eternidad en Cristo, es momentáneo y comparado con la gloria que en nosotros produce, es leve y es algo que nosotros podremos soportar. Nunca Dios permitirá en tu vida lágrimas que él no vaya a convertir en consolación ni tribulación que no te lleve a dar mucho fruto. No permitas que pensamientos de desánimo vengan sobre tu vida, haciéndote creer que eres muy desafortunado por lo que estás pasando, porque siempre la belleza de la plenitud de Dios se forjará en los momentos donde somos pasados por el horno de la prueba.

La iglesia en la que fui formado desde niño fue muy conservadora en muchos aspectos y ciertamente en el código de cómo las mujeres deberían vestirse no fue la excepción. Una madrugada después de horas de estar en oración, y cabe decir que el clamor siempre iba acompañado de muchas lágrimas, una hermana salió con un poco de temor, pensando caminar lo más rápido posible en las calles solas y atemorizantes que pueden llegar a ser a altas horas de la noche en la Ciudad de México, hasta llegar a su casa. Su temor era que pudiera salir algún maleante, o un drogadicto y asaltarle o hacerle algún mal. Más rápido de lo que pensó, de una esquina oscura salió un hombre demasiado borracho y tomándole del brazo le dijo: ¡Esta noche vas a hacer mía! La hermana lucía pálida, sin maquillaje, vestido largo de color blanco, su pelo canoso y muy demacrado de haber llorado por horas en la reunión de oración. A ella no se le ocurrió otra cosa más que decirle al hombre: Usted no puede hacer eso. El hombre preguntó: ¿Por qué no? Simplemente ella contestó con firmeza: ¡Porque yo no soy de este mundo! Sin más, aquel hombre la soltó y comenzó a correr a toda velocidad que del susto se le quitó la borrachera.

La experiencia de la hermana nos deja una manera muy eficaz para enfrentar las situaciones temporales que siempre nos quieren ahogar, llevándonos a poner la mirada solo en lo terrenal.

La manera como nosotros siempre respondemos es con la verdad firme que no somos de este mundo. Todo lo que el mundo nos da perece, pero fuimos llamados a la eternidad, somos peregrinos, nuestra vida consiste mucho más que lo que nuestros ojos ven y nuestra alma siente. Nosotros no somos de este mundo, somos ciudadanos del reino celestial.

"Mas nuestra ciudadanía está en los cielos, de donde también esperamos al salvador, al señor Jesucristo".

Filipenses 3:20

TERCER PROCESO: ESCONDIDOS EN LA ALJABA DE DIOS

"La paciencia y el tiempo hacen más que la fuerza y la violencia".
Jean de la Fontaine

"La paciencia es amarga, pero sus frutos son dulces".
Jean Jacques Rousseau

"Nunca aprenderíamos a ser valientes y pacientes, si solo hubiera gozo en el mundo".
Helen Keller

"Es más fácil encontrar jóvenes dispuestos a morir, que encontrar los que soportan el dolor con paciencia".
Julio César

"Oídme, costas, y escuchad, pueblos lejanos. Jehová me llamó desde el vientre, desde las entrañas de mi madre tuvo mi nombre en memoria. Y puso mi boca como espada aguda, me cubrió con la sombra de su mano; y me puso por saeta bruñida, me guardó en su aljaba; y me dijo: Mi siervo eres, oh Israel, porque en ti me gloriaré".
Isaías 49:1-3

Todas las cosas que realmente tienen un grado de satisfacción y plenitud para el ser humano también incluyen un proceso de espera. Sin embargo, a nuestra alma no le gusta esperar, le trae descontento saber que entre salir de la esclavitud hasta llegar a la tierra prometida hay un desierto que tiene como fin forjar en nuestro carácter la virtud de la paciencia. Eso da a nosotros la impresión que es tiempo perdido, que estamos olvidados de Dios porque en esos tiempos de espera pareciera que la aflicción se incrementa y que el sufrimiento no tiene fin. Como si la muerte hubiera llegado, llevándose poco a poco nuestros sueños y nuestras esperanzas.

No fue distinto en la vereda que nuestro señor Jesucristo atravesó en esta tierra. Relatos de su niñez nos muestran la vida sumergida que tenía en el conocimiento de las sagradas escrituras, tanto que llegó a impresionar a los mismos doctores de la ley y a todos los que le oían, haciendo que se maravillaran de sus respuestas (Lc 2:46-47). Ese relato termina diciendo que Jesús crecía en sabiduría, en estatura, en gracia para con Dios y con los hombres, solo para después guardar silencio de sus años de adolescencia y juventud. ¿Por qué teniendo el conocimiento tan impresionante de las escrituras tuvo que desaparecer en el silencio y ser su vida escondida hasta verle resurgir a la edad de treinta años?

El tiempo de espera le enseña a nuestra alma a depender plenamente en Dios y eso forja en nuestra vida la fortaleza de saber que el Dios que está contigo, en los días de desierto, también estará contigo cuando enfrentes los gigantes. Eso va a dar como resultado fuerza en la vida interna y una seguridad como muy pocas otras cosas en la vida podemos encontrar. Aunque no sabemos lo que sucedió en esos años de silencio en la vida de Jesús sí podemos mirar en las escrituras que fue un proceso donde aprendió a depender de su Padre celestial y su corazón fue enseñado en obediencia. Vendrían tiempos de mucha presión tanto emocional como espiritual y al final de sus días también físicamente, y el saberse cubierto con la aprobación de su Padre, y cubierto con su autoridad, le mantendrían sin rendirse ni doblarse ante la muerte misma.

"Y aunque era hijo, por lo que padeció aprendió la obediencia; y habiendo sido perfeccionado, vino a ser autor de eterna salvación para todos los que le obedecen".

Hebreos 5:8-9

Nuestra alma necesita la seguridad de saber que todo va a estar bien y que en medio de la prueba no quedaremos abandonados. Aunque pareciera contradictorio, la mejor manera que se va construyendo la fortaleza de seguridad interna se encuentra en los momentos de soledad. Cuando somos aislados de la gente que pensamos que su presencia, cariño y amor nos son indispensables para vivir, cuando nos es quitada la muralla de cosas materiales que nos hicieron creer que no sobreviviríamos sin ellas y cuando aun nuestra prepotencia del orgullo humano, que constantemente nos decía que podíamos contra todo y contra todos, es derrumbado al suelo de la humillación por el fracaso y nos quedamos sin fuerzas para continuar, solo nos queda Dios. Entonces toda nuestra debilidad se convierte en fuerza, nuestros temores en valor, nuestro llanto en alegría y nuestra inseguridad es una inconmovible fe de saber que Dios siempre peleará por nosotros.

La soledad aunque trae el frío de muerte no viene para acabar contigo sino para enseñarte a vivir seguro en quién has creído, seguro en el llamado que Dios te ha hecho, seguro en las promesas hechas a tu vida. No debes mirar la soledad como una maldición ni tampoco debes sentirte amenazado por ella, ahí es donde los mejores cánticos de esperanza brotan como flor en tierra seca. Esos procesos de muerte, donde pareciera que todo el mundo ha contribuido en poner su piedra sobre tu tumba, para asegurarse que nunca te levantes, te servirán para forjar en ti un carácter de resistencia. Y la fe que es silenciosa, pues nace en los tiempos de soledad, la fe que cree aun cuando todos se han ido, y cuando el aplauso de la gente ha desaparecido y te has quedado ahí, en medio de la nada con tu aparente fracaso, es en ese largo tiempo de espera que la fe perseverante brota como un fruto.

La paciencia no solo es la sabiduría de esperar el tiempo correcto sino también es la virtud de la constancia, la fuerza de la perseverancia, el carácter que se quiere para quedarse hasta mirar las guerras ganadas. El mundo está lleno de gente que se da por vencido demasiado rápido, de atletas que se cansaron antes de llegar a la meta, de guerreros que tiraron la toalla justo en el momento que su enemigo estaba a punto de caer, de sueños frustrados porque falto un intento más. Dios no está en tu contra, ni tampoco quiere verte postrado llorando tus fracasos. La razón que todavía no has saboreado el fruto de la tierra prometida es porque el desierto tiene como propósito mantenerte sobrio para que tu corazón no sea distraído por lo temporal sino mantengas tu mirada en la eternidad. La fuerza que le darán a tus pies las duras jornadas del desierto no es tu desgracia sino más bien son el entrenamiento que necesitas porque enfrentaras gigantes cuando llegues a la tierra que Dios te ha dado por heredad.

Esos tiempos de espera son la mejor oportunidad para ser adiestrado, para afilar el hacha de los talentos que Dios te ha dado. Si te ha tocado el tiempo de soledad en alguna celda de la vida, manda a traer el capote y los pergaminos porque es tiempo de escribir las cartas con la revelación que Dios te ha dado, todavía hay un mundo que conquistar, una generación que ganar, gigantes que derribar y muchas canciones que escribir. ¡Vamos, toma lápiz y papel que lo que parece la sepultura de soledad es realmente el entrenamiento en el secreto que te está preparando para la guerra!

TERCER
PARTE

CUARTO PROCESO:
EL OPROBIO

"Los errores de un hombre son especialmente
los que le hacen digno de amor".
Johann Wolfgang von Goethe

"Es difícil hacer a un hombre miserable
mientras se sienta digno de sí mismo".
Abraham Lincoln

"En el hombre hay más cosas dignas de admiración que desprecio".
Albert Camus

"A lo suyo vino y los suyos no le recibieron".
Apóstol Juan

"Respondieron entonces los judíos, y le dijeron: ¿No decimos bien
nosotros, que tú eres samaritano, y qué tienes demonio?".
Juan 8:48

En una aldea como lo era Belén, el lugar del nacimiento del Señor, había un acercamiento entre la gente, era fácil conocer detalles de la vida de los vecinos y un suceso como el hecho de que María estaba embarazada antes del matrimonio no pasaría desapercibido. José, quien dice la Biblia era un hombre justo, no quiso difamarla, pero no obstante quiso dejarla secretamente. Las mujeres que cometían el acto de fornicación eran llevadas al concilio de ancianos para ser juzgadas y terminaban siendo apedreadas delante de toda la comunidad. José no quería eso para María, pero sí quiso dejarla. Desde que Jesús estaba en el vientre comenzó un proceso de rechazo que continuó hasta su muerte.

El ángel se apareció a José, dándole la revelación que el Espíritu Santo había engendrado el fruto del vientre de María y fue así que él recibió a María por mujer. Sin embargo, eso era algo que María y José sabían, pero iba a ser muy difícil convencer a la gente que esto era obra del Espíritu Santo. La gente hablaba, murmuraba. Para ellos Jesús era un bastardo, un hijo ilegítimo. José era quien solapaba el pecado de María y ella guardaba todas estas cosas en su corazón sin defenderse. Mientras Jesús crecía, la gente lo miraba con desdén, con ojos de rechazo y actitudes de desprecio. La gente no sabía quién era verdaderamente el padre de Jesús. ¡Qué proceso de muerte, qué largo tiempo de sepultura emocional! ¡Qué manto de oprobio Jesús tuvo que llevar!

Si observas con detalle las heridas que más sangran internamente son las del rechazo, cuando la gente te juzga sin saber lo que realmente pasó, cuando tienen una idea errónea de ti, cuando con palabras hirientes te hacer saber que sienten que eres menos que ellos, que no tienes valor. A veces, con miradas de desprecio te hacen saber que no eres aceptado en el grupo por manchas que muchas veces solo existen en el ambiente de los que viven para difamar. Cuando esto sucede es mejor callar y esperar que sea el Señor quien te defienda, porque cuando él lo hace, levantará tu cabeza delante de tus enemigos y honrará tu fidelidad.

Este es un proceso necesario en el crecimiento hacia la madurez del alma, porque estamos demasiado apegados a la opinión de la gente, que muchas veces dependemos de la aprobación de unos cuantos para sentirnos feliz y para sentirnos valorados. Realmente lo que Dios quiere es que vivas dependiendo solo de él, de su amor y de su gracia, para que camines con la seguridad que solo se descubre en la libertad que él solamente puede dar. Jesús aprendió a obtener su seguridad total de su Padre y a esperar que fuera él quién levantará su cabeza delante de la gente. Porque así como entramos en los procesos de oprobio y de rechazo, también Dios tendrá a bien levantar nuestra cabeza y llevaremos el fruto que él ha preparado para nosotros.

Jesús había llevado esta carga sobre sus hombros sin quejarse, sin maldecir y sin amargarse el corazón. Juan, quién era primo hermano de Jesús, predicaba el arrepentimiento y se le había dado el ministerio de preparar el camino al Señor, pero no conocía en realidad quién era el Cristo. Sabía que sobre quien estuviera la señal del Espíritu Santo sería quien bautizaría con espíritu santo y fuego. El tiempo había llegado y cuando vio a Jesús de Nazaret entrar a las aguas exclamó: He ahí el cordero de Dios que quita el pecado del mundo. La gente que estaba ahí eran testigos del rechazo y el oprobio que Jesús llevó toda su niñez y juventud. Cuando bajó a las aguas, Juan mismo no quería bautizarle, porque decía que él debería ser bautizado por Jesús. Jesús insistió en ser bautizado para que se cumpliese toda justicia y el final del oprobio llegaría. Jesús bajó a las aguas como una señal de muerte y sepultura y el cielo se abrió y se oyó una voz que decía: *¡Este es mi hijo amado, en quien tengo complacencia!*

> "Y Jesús, después que fue bautizado, subió luego del agua; y he aquí los cielos le fueron abiertos, y vio al Espíritu de Dios que descendía como paloma, y venía sobre él. Y hubo una voz de los cielos, que decía: Este es mi hijo amado, en quien tengo complacencia".
>
> **Mateo 3:16-17**

Estos procesos de muerte le duelen al alma, de manera que cuando no se entienden los propósitos de Dios, suelen desesperarnos y llevarnos al pantano de la frustración y la desilusión de la vida.

Debes de saber que esto es temporal, que siempre Dios levantará tu cabeza después de la opresión de la vergüenza. Va haber gente que te señale, derrama tu corazón delante de Dios y espera en él. Encontrarás momentos que te sientas limitado en lo que puedes hacer para limpiar tu nombre, pon tu confianza en Dios porque llegará el momento que él mismo hablará por ti delante de tus enemigos.

Habrá temporadas donde muchos se burlarán de ti por tus fracasos y por tus errores, sin embargo, debes de saber que el cristiano siempre se renueva, siempre se levanta, siempre su final será en gloria y sus batallas las terminará en triunfo.

He podido ver de primera mano cómo la crueldad de muchos brota hacia las personas que llevan herido el corazón, que están pasando por situaciones que les han puesto en el rostro la marca de una vida sufriente.

Los ojos de la sociedad ven con desprecio al que lleva las señales de la infortuna en su vida, y es cuando ahí comienzan las opiniones que terminan de quebrar el alma, porque juzgan por lo que ven, señalan por los ayeres de invierno, por las pérdidas, por el abandono de la gente. El desprecio de la gente es notorio, porque así como a David, son enviados a los lugares donde nadie los ve, a hacer las labores que nadie quiere hacer. Pero David no se quejó cuando cuidaba las ovejas de su padre, aun cuando sus hermanos le menospreciaban, él aprovecho ese tiempo para conocer al Dios de los cielos, a cantarle, y ser asombrado por la majestad de su creación. Cuando llegó su tiempo ni siquiera el rechazo de sus hermanos pudo detener la unción que estaba reservada para él. Posiblemente David fue un hijo de una relación ilícita, porque él mismo declara que en pecado lo concibió su madre; por lo tanto sus hermanos miraban en él las marcas obvias del rechazo, era un hijo de pecado. Para ellos eso lo descalificaba de recibir cualquier privilegio, pero no para Dios, porque los sacó de detrás de las ovejas de su padre sin mirar lo externo, sino el corazón y le puso como rey de Israel. Por eso David escribió: "Aunque tu padre y tu madre te dejaran, con todo Jehová te recogerá". Dios no mirará tu pasado ni el pasado de tu familia ni la opinión que la gente tiene de ti. Él escoge lo menospreciado del mundo para hacer notorio su poder, lo que no es, para deshacer lo que es.

> *¿Se olvidará la mujer de lo que dio a luz, para dejar de compadecerse del hijo de su vientre? Aunque olvide ella, yo nunca me olvidaré de ti".*
>
> **Isaías 49:15**

Llegará el momento donde Dios declarará en tu vida delante de tus enemigos: Éste es mi hijo amado, ésta es mi hija amada, ésta es mi iglesia amada en quien yo tengo complacencia.

Después de la muerte del oprobio siempre llega la resurrección del decreto de Dios para nuestra vida. Tú no eres la opinión de la gente, tú no eres tu pasado, tú no eres tus errores. Tú eres lo que Dios el Padre dice que eres. Espera el tiempo porque te levantarás más alto que nunca y mirarás cómo la muerte jamás pudo enseñorearse de ti y cómo las palabras hirientes nunca pudieron matar el propósito de Dios en tu vida. Después de una larga noche de invierno siempre llega el sol de primavera que trae esperanza y Dios te levantará una vez más.

QUINTO PROCESO: LA TENTACIÓN

"Cuando no podamos ver el rostro de Dios
tengamos confianza bajo sus alas".
C.H. Spurgeon

"Cuando la batalla se recrudece se prueba la lealtad del soldado".
Martín Lutero

"Bienaventurado el hombre que soporta la tentación".
Apóstol Santiago

"Sabe el Señor librar de la tentación a los piadosos".
Apóstol Pedro

Antes de toda tierra prometida habrá un proceso que te enseñará a resistir los enemigos internos y te ayudará a forjar carácter para desarrollar la fuerza necesaria y derribar los gigantes. Es también una temporada de muerte y de sepultura que no puede ser evitada en la vereda hacia la madurez y la plenitud y, aunque necesaria, es siempre de angustia a la vida del alma. Es de suma importancia en este proceso no cambiar la visión de la eternidad por lo temporal ni vender la primogenitura por un plato de lentejas, porque la tentación del desierto tiende a exaltar la realidad presente, haciéndote olvidar que también esto pasará y que siempre Dios tiene en medio de la tentación una puerta de salida para que salgas a resurrección.

"Entonces Jesús fue llevado por el Espíritu al desierto, para ser tentado por el diablo".

Mateo 4:1

Para nuestro señor Jesucristo fue un tiempo de ayuno y oración el momento en el que fue tentado por el diablo, antes de que iniciara con potencia su ministerio y fuera seguido por señales y prodigios. Como si el enemigo sospechará cuando van a llegar las temporadas sobrenaturales en nuestra vida y justo antes de que comiencen quiere que abortemos el plan de Dios para nosotros, ofreciéndonos un atajo al camino de la victoria, un remedio temporal al dolor que termina siempre añadiendo más dolor y haciendo el proceso de sufrimiento aun más largo y difícil para soportar.

La realidad es que siempre que pasamos por tentación es porque algo glorioso se va a manifestar en tu vida. Uno no solo debe estar en alerta cuando las cosas van mal, sino mucho más cuando estás teniendo victorias en la vida espiritual. Es importante nunca bajar la guardia porque para muchos es cuando más están vulnerables, ya que así como Sansón, después de algunos triunfos se tiende a poner confianza otra vez en nuestras propias fuerzas. La escritura nos dice que después de la tentación nuestro señor Jesucristo volvió a Galilea en el poder del Espíritu Santo.

"Y cuando el diablo hubo acabado toda tentación, se apartó de él por un tiempo. Y Jesús volvió en el poder del Espíritu a Galilea, y se difundió su fama por toda la tierra de alrededor".

Lucas 4:13-14

Es este nivel Dios quiere llevarte no solamente a ser un espectador, sino a ser usado para el ministerio en una manera clara y tangible. Todo lo que te ha sucedido es precisamente para desarrollar un conocimiento profundo del carácter del Señor, de manera que tengas el suficiente depósito en tu espíritu y el carácter en tu alma para dar a otros de gracia lo que de gracia has recibido. Así como nuestro señor Jesucristo, después de esta prueba en el desierto, que fue un proceso de muerte y sepultura, salió lleno del Espíritu y fue el inicio de un ministerio de gloria y poder, Dios quiere llevarte a ejercer los dones y el ministerio que él te ha preparado de antemano para usarte para su gloria. Este proceso de tentación se convierte entonces en el terreno para desarrollar tu identidad plena en Cristo y tu dependencia absoluta en la gracia divina. Seremos tentados al menos en tres terrenos donde el enemigo siempre tratará de derrotarnos pero fiel es Dios para guardarnos sin caída hasta que él venga. Estos terrenos son: El terreno espiritual, el terreno emocional y el material.

"Y vino a él el tentador, y le dijo: Si eres hijo de Dios, di que estas piedras se conviertan en pan".

Mateo 4:3

La primera y más común tentación es cuando atravesamos por tiempos de necesidad en lo material, el ataque es directo a nuestra identidad como hijos de Dios, porque el diablo usará el argumento que un hijo de Dios no debería estar pasando por el sufrimiento de escases ni por temporadas de necesidad. El mundo quiere llenar nuestra mente de pensamientos, sobre que en esta vida deberíamos tener la plenitud de felicidad que nuestra alma anhela y que por alguna razón nosotros siempre merecemos más. La Biblia no está en contra de que poseamos lo material, pero sí es enfática en no quitar nuestra mirada de lo eterno, porque al perder la visión de nuestro destino final seremos como todos los demás, cuyo dios es el vientre. Nosotros somos mucho más que cuerpo, vivimos en una dimensión superior a lo terrenal. Aunque estamos en este mundo sabemos que no somos de él. Nuestra identidad es el reino de los cielos.

El sufrimiento que el alma atraviesa cuando le son negadas aun las cosas más básicas de la vida terrenal hace que brote de nosotros la amargura que carcome nuestra vida en una manera atroz. Esa amargura hacia la gente que te ha quitado lo que sientes que es tuyo, la amargura hacia la vida misma porque no te da el fruto de lo que has sembrado y lo peor, que brota la amargura hacia Dios cuando le cuestionas: ¿Por qué a mí? Sin embargo, Dios quiere sanar esa área de nuestra vida enseñándonos una total dependencia de él. Quiere sanar tu visión para que te des cuenta que no te llevó al desierto para avergonzarte sino para que comprobaras esta gloriosa verdad:

> *"Él respondió y dijo: Escrito está: No solo de pan vivirá el hombre, sino de toda palabra que sale de la boca de Dios".*
>
> **Mateo 4:4**

El propósito primordial de estas experiencias de dolor temporal es forjar en nosotros la madurez y el carácter para que Cristo sea el que tenga el primado en todo. Podemos estar en el desierto y alabarle, en dolor y reconocer su grandeza, en tribulación y mirar como eso está produciendo gloria, con sentencia de muerte y ver que en nosotros se está manifestando el poder de su resurrección.

El otro terreno donde experimentaremos este proceso de muerte, a través de la tentación, es en lo emocional. Específicamente en ese anhelo de nuestra alma por querer tener control de las cosas que nos suceden y nos sentirnos capaces de resolver todos los problemas que enfrentemos, aun a veces queriendo echar mano de las promesas divinas para encontrar un atajo o una solución pronta para nuestras dificultades.

Este proceso no ofrece una alternativa menos dolorosa, es necesaria la muerte para que en nosotros se manifieste también la vida.

> *"Entonces el diablo le llevó a la santa ciudad, y le puso sobre el pináculo del templo, y le dijo: Si eres hijo de Dios, échate abajo;*

porque escrito está: A sus ángeles mandará acerca de ti, y en sus manos te sostendrán para que no tropieces con tu pie en piedra".
Mateo 4:5-6

La vida espiritual no se asemeja en nada a la vida terrenal, pareciera toda una contradicción a lo que el mundo llama sabiduría, con todo el final es un fruto abundante y glorioso. Para crecer hay que menguar, para tener hay que desprenderse, para ser fuerte hay que ser débiles, para ser grande hay que ser el más pequeño, para ganar la vida hay que perderla, y para tener poder hay que saber vivir como no tenerlo.

La tentación aquí que causa la experiencia de muerte es precisamente la impotencia que el alma siente cuando atraviesa por sufrimiento y le toca esperar pacientemente hasta que Dios indique el tiempo preciso para actuar. Nuestra voluntad es doblegada en este proceso; no es lo que yo quiero es lo que Dios dice. No son mis planes ni mis tiempos ni mis fuerzas ni mi intelecto lo que prevalecerá, sino la confianza plena que mí Dios sabe lo que está haciendo.

"A yegua de los carros de Faraón te he comparado, amiga mía".
Cantares 1:9

La amada de Cantares, quién es una figura de la iglesia madura, tiene esta característica como la yegua en los carros de Faraón. Tiene la capacidad para actuar, es imponente su belleza, ha sido escogida para pertenecer a las filas del ejército del rey, siempre lista para mostrar el ímpetu de su fuerza. Pero no actúa por su propia cuenta, está sujeta a las riendas del jinete. Su fuerza rendida, su poder bajo sujeción, su gloria es esperar la orden para ejecutarla, su destino es ser usada como un instrumento eficaz en la manera y en el tiempo que el guerreo disponga. Ella fue entrenada para morir y ahí está su gloria.

Esto es sublime porque siempre dará como resultado la aprobación divina. Aquel que aprendió a callar para que Dios lo defienda, a llevar la humillación para que Dios lo exalte, a soportar la debilidad para que Dios sea quién le de fuerza, no le será difícil también llevar una sentencia de muerte para que el poder de la resurrección de Cristo sea lo que levante su cabeza. A este tipo de creyente no le es difícil contestar con firmeza:

> *"Jesús le dijo: Escrito está también: No tentarás al Señor tu Dios".*
>
> **Mateo 4:7**

Después de esto vendrá también la tentación en el ámbito espiritual. Será de la misma manera un proceso de muerte que pondrá en nuestra vida las prioridades correctas y elevará nuestra visión a la eternidad. Este proceso nos enseña en una manera profunda la fuerza de tener una sola devoción, un solo altar edificado en el centro de nuestro corazón. Es la muerte a todo lo que no sea una expresión de adoración a Dios y a todo lo que el sistema terrenal nos ofrezca como gloria. Y aunque será doloroso el proceso siempre dará como resultado la gloria eterna del poder de la resurrección de Cristo manifestado en nuestras vidas.

> *"Otra vez le llevó el diablo a un monte muy alto, y le mostró todos los reinos del mundo y la gloria de ellos, y le dijo: Todo esto te daré, si postrado me adorares".*
>
> **Mateo 4:8-9**

Entender que no fuimos creados para este mundo sino que somos peregrinos en esta tierra y que todo lo que experimentamos en el ámbito terrenal es temporal y que no puedes darle al alma la llenura para saciar la sed que tiene de eternidad, es lo que hace la diferencia entre vivir una vida con significado o perderse en el laberinto de la búsqueda insaciable de todo lo que el mundo ofrece que pretende llenar los vacios del corazón.

Tener una visión corta logrará que seamos seducidos para cambiar la herencia espiritual por un plato de lentejas.

El diablo le ofreció a Jesús los reinos del mundo y la gloria de ellos con la condición que se postrará y le adorará. Eso es lo que siempre tratará de hacer, es una estrategia que le ha funcionado bien desde el Edén, cuando sedujo a Eva. Cambiar el enfoque de adoración, sembrar en el corazón la semilla del placer pasajero, de la satisfacción temporal y la mal llamada felicidad de la vida a cambio de quitar nuestra mirada del único que puede darnos vida eterna.

Ahora mismo tal vez estés pasando por una situación donde tu alma esté siendo afligida, ahí llega la tentación de buscar atajos, nos invade la desesperación por encontrar respuestas y regresar al mundo, buscar en la gente la estabilidad que solo Cristo puede darnos, hacerle un altar al deseo y postrarnos ante lo temporal. No lo hagas, tú no fuiste diseñado para vivir con una gloria pasajera, no fuiste creado para conformarte con las algarrobas que comen los cerdos y te digo hoy: No vas a morir, vas a vivir y saldrás más fuerte que nunca de este proceso, lleno del Espíritu Santo, porque fue ese siempre el propósito por el cual Dios permitió el desierto para hacer cumplir en ti su gloriosa voluntad y propósito.

> *"Por la fe Moisés, hecho ya grande, rehusó llamarse hijo de la hija de Faraón, escogiendo antes ser maltratado con el pueblo de Dios, que gozar de los deleites temporales del pecado, teniendo por mayores riquezas el vituperio de Cristo que los tesoros de los egipcios; porque tenía puesta la mirada en el galardón".*
> **Hebreos 11:24-26**

Tener por mayor riqueza el vituperio de Cristo, el sufrir con dignidad, el ser maltratado con el pueblo de Dios, rehusarse ser llamado hijo de la hija de Faraón tienen como fundamento esta gloriosa verdad que refleja el carácter de alguien que conoce a Dios:

Tener puesta la mirada en el galardón. Ese es el secreto de los que viven una vida de entrega que se ha forjado en los desiertos de la vida. Una vida que se rinde solo a Dios, de la cual sale desde el interior de un alma que se ha fortalecido con la visión de la eternidad y que brota una adoración genuina reflejando su total dependencia en Dios. Es un río de esperanza de donde nace la más alta nota de la melodía sublime de adoración.

En medio de la presión que trae el dolor y el sufrimiento, adora. Cuando todo esté en tu contra y sientas que tus fuerzas se acaban, adora. En el proceso del rechazo y la traición, adora. En el momento de la prueba donde el mundo te ofrece cambiar lo temporal por lo eterno, adora. La adoración a Dios será no solamente el ungüento que traerá sanidad y alivio a tu alma, sino la manera más eficaz de mantener tu mirada puesta en la eternidad. Eso dará como resultado una victoria imponente sobre el enemigo.

"Entonces Jesús le dijo: Vete, Satanás, porque escrito está: Al Señor tu Dios adorarás, y a él solo servirás. El diablo entonces le dejó; y he aquí vinieron ángeles y le servían".
Mateo 4:10-11

Debes tener presente que siempre después de la densa obscuridad te amanecerá un nuevo día y siempre después de la tormenta vendrá la calma. De la misma manera, detrás de cada proceso de muerte y de sufrimiento, se esconde un peso de gloria que se extiende hasta la eternidad. Dios tendrá misericordia de ti y cuando tus fuerzas ya no den más y sientas que esto es demasiado para sobrellevar, vendrá la ayuda, vendrá el bálsamo de sanidad, llegará en una manera sobrenatural, pero tangible la manifestación del poder de la resurrección. Dios verdaderamente enviará a sus ángeles para servirte, ellos son espíritus ministradores que están al servicio de los que hemos heredado salvación, (Hebreos 1:13:14).

En el proceso de enfermedad que atravesé, el tratamiento que recibí fue largo y cansado, el cáncer se extendía rápidamente por todo mi estómago, incrementando el peligro de no sobrevivir. No obstante, cuando estaba rodeado de muerte y de dolor, era también muy palpable la mano de Dios que estaba obrando sobrenaturalmente y Dios siempre tuvo a bien enviarme ayuda, sonrisas que me alegraran el corazón, aunque fuera por un instante. Hubo gente que me extendió la mano incondicionalmente, mensajeros que traían palabras de ánimo y de esperanza. Recuerdo un niño, hijo de uno de los ministros de la iglesia en la cual pastoree por muchos años, su padre me había venido a visitar para orar por mí y aunque la recomendación de los doctores había sido que no tuviera visitas de niños a causa de las infecciones a las que estaba propenso, me comentó el hermano que su hijo quería verme. Me sentía débil y muy cansado por el tratamiento, pero le dije que pasara. Joel tenía en ese entonces siete años, se paró a un lado de mi cama y me dijo: Pastor, Dios me ha dicho que no va a morir, que va a vivir, seguirá predicando, volverá a cantar y le volverá a salir su pelo. Se dio la vuelta saliendo de mi cuarto y me quede llorando porque sabía que Dios me había visitado, me había enviado un mensajero, que no esperaba, para recordarme que él estaba trabajando en mi vida y que saldría victorioso de este proceso. Esas palabras tan sencillas fueron como agua fresca en ese desierto que estaba atravesando y en ese momento fui fortalecido en una manera gloriosa. Dios quiere que sepas que hay para tu vida todavía mucho que alcanzar; este desierto en el cual te encuentras, se va a convertir en el testimonio que mañana contarás de cómo Dios estuvo siempre contigo, soplándote vida. Todas las batallas que has enfrentado, los momentos de soledad, las fuerzas que se han agotado, las lágrimas que has derramado no se comparan con la gloria que en ti está a punto de manifestarse. Si el diablo ha venido a querer desviar tu mirada del propósito de Dios, es porque él mismo sabe que representas una amenaza para el reino de las tinieblas.

Los ataques del enemigo y los momentos de prueba y tentación son una señal para tu vida, Dios traerá una manifestación de gloria y un ministerio poderoso está a punto de forjarse en ti, porque cuando los dolores de parto son intensos es también la señal que la vida está a punto de nacer. No morirás, vivirás y llevaras mucho fruto para Dios.

SEXTO PROCESO: LA MUERTE EN LA CRUZ

"Ni siquiera las mentes más brillantes de la cristiandad en conjunto a lo largo de los siglos tienen capacidad para explicar de manera adecuada la expiación obrada en la cruz del calvario".
A.W Tozer

"Nadie me quita la vida sino que yo la pongo para volverla a tomar".
Jesús

La cruz de Jesucristo es el punto donde la historia de la humanidad cambió drásticamente. Un suceso que se convirtió en el centro del significado de la vida, el parte aguas de nuestro destino, la brújula de la visión en cuanto al propósito de nuestra existencia, la fuente que sacia la sed del alma por tener un punto de partida que le dé a nuestro propio sufrimiento un sentido, y a nuestros anhelos más profundos una satisfacción al haber encontrado algo en este mundo que responda a las más grandes interrogantes del corazón.

Aun así esta cruz no deja de ser la más aterradora de las muertes, el más atroz castigo sobre una persona inocente y la más injusta de las sentencias dadas en la historia de la humanidad.

Cuando escuchamos la historia de Jesús y aprendemos que en el suelo de esta tierra nadie ha caminado con tanta autoridad moral para reinar, para tener poder y edificar un imperio, para adquirir riqueza, para dirigir los más poderosos ejércitos de la tierra, poseer las plataformas de más prestigio entre los hombres y aun así preferir la muerte, con toda su grandeza preferir ser contado entre los pecadores y escoger morir con transgresores, no podemos sino rendirnos ante la grandeza de su humildad y admirar su entrega. Si un hombre justo, tan puro, tan perfecto como él sufrió la cruz con tanta dignidad, ¿quiénes somos nosotros para rechazar los procesos de sufrimiento que nos ofrece el destino de nuestra vida y no llevar nuestra propia cruz y abrazar nuestros propios calvarios que no son nada comparados a lo que Jesús, el hijo del hombre, atravesó?

En otras palabras, encontramos en él la manera eficaz de caminar con la frente en alto en los días de prueba, aprendemos a no avergonzarnos de nuestras heridas, y aun a perdonar a los que mal nos hacen y que son causantes del dolor en el alma. Cuando somos traicionados nos identificamos con él porque fue entregado a los impíos con el beso de la hipocresía, y admiramos su respuesta porque no maldijo ni se quejó, sino que al que le entregaba le llamó amigo. Se cansó, lloró, se sintió solo, aun abandonado por el Padre pero caminó con dignidad hasta el Gólgota, llevando en sus espaldas el pecado de la humanidad. Encomendando su causa al que juzga justamente, enmudeció, como cordero fue llevado al matadero, consumando la más gloriosa de las muertes. Por eso es que en sus heridas hayamos sanidad, en su costado abierto que nos muestra el velo del templo que se rasgó, encontramos entrada libre al trono de su gracia y aceptación que es el ungüento para curar las heridas del rechazo. Fue en esa cruz que nos ha dado salvación y nos reveló un poder más fuerte que la misma muerte que nos inunda de esperanza: El poder de la resurrección.

Cuerdas de Amor

Cuando a los profetas de antaño les fueron abiertos los ojos de revelación por el espíritu de profecía pudieron contemplar los destellos de las glorias detrás de los sufrimientos de Cristo. Observaron con asombro la fuerza interna de un siervo obediente al más alto llamamiento de entrega, con una visión puesta en la eternidad, reflejando un amor y sumisión al Padre, pero también compasión a un mundo perdido en la condición de pecado. Una de esas expresiones de amor fue el nivel de compromiso de aceptar la voluntad total de su Padre sin titubear, costara lo que costara, guardando todavía el gozo de entregar su vida como sacrificio por la humanidad.

> *"Jehová es la porción de mi herencia y de mi copa; tú sustentas mi suerte. Las cuerdas me cayeron en lugares deleitosos, Y es hermosa la heredad que me ha tocado".*
> **Salmos 16:5-6**

El cantico profético señala directamente al corazón de Jesucristo revelando el sentir que había en él respecto al llamado que había recibido del Padre a morir dejándonos a nosotros la semilla que nos servirá para ver mucho fruto aun en la tierra árida del dolor. Nuestro salvador no tenía su esperanza puesta en este mundo ni en la gente, su gloria y recompensa venían solamente de su Dios, cambiando completamente la perspectiva del dolor y de la muerte. Las cuerdas a las que se refiere en este pasaje son cuerdas de medir, usadas cuando se va a dar una herencia para saber con exactitud qué tanto terreno toca a los herederos, dándonos luz de la expresión del corazón de nuestro Señor, que era una total aceptación de lo que le había tocado hacer, del llamado que debía cumplir, de su obra por la redención, del precio que se tenía que pagar aunque fuera lleno de sufrimiento y con olor a muerte.

Era para él una heredad hermosa porque al final era Dios mismo su porción y su herencia.

Cuando somos llamados a llevar nuestra cruz, a atravesar por procesos de muerte y sufrir nuestros propios calvarios, la manera como siempre el enemigo va a lograr que titubeemos es haciéndonos creer que es injusto lo que nos está sucediendo, que merecemos mejores cosas, estar rodeados de mejor gente, tener diferentes resultados en la vida. A nuestra alma le gusta anidar la auto lastima y lleva nuestra imaginación a querer escapar de la realidad que nos ha tocado enfrentar. Esta es la fórmula para el fracaso porque no hay visión hacia la eternidad ni un enfoque en extraer las lecciones que se nos presentan en estos procesos. No podemos tampoco aprovechar el reto para desarrollar nuestra fe, sino que somos engañados al querer evitar las etapas de sufrimiento que son la herramienta que extrae de nosotros la gloria que llevamos dentro.

El día que recibí el diagnóstico de cáncer también atravesaba por los más grandes retos que nunca antes había enfrentado dentro del ministerio y que habían salpicado de la misma manera mi familia. La noticia que un tumor había abrazado completamente mi riñón izquierdo y que estaba el cáncer ya muy avanzado, llegaba como un golpe fulminante encima de todo lo que ya estaba viviendo. Pese a esto, Dios me había preparado con fortaleza el corazón para no quejarme, me dio gracia para atravesar todo este largo proceso de muerte con el espíritu siempre rendido a que lo que sucediera era lo mejor, porque aun en medio de un cáncer o en una sentencia de muerte Dios puede manifestar su gloria. Así lo expresó el apóstol Pablo:

> "Conforme a mi anhelo y esperanza de que en nada seré avergonzado; antes bien con toda confianza, como siempre, ahora también será magnificado Cristo en mi cuerpo, o por vida o por muerte".
>
> **Filipenses 1:20**

Cuando el privilegio de sufrir nos toque a la puerta, que nos encuentre con nuestros ojos puestos en Jesús y nuestra visión extendida a la eternidad expresando desde lo más profundo del corazón: La porción de mi herencia es Jehová, hágase tu voluntad, Señor, en la tierra como en el cielo, porque es hermosa la heredad que me tocó.

Abrazar el llamado a sufrir ya lleva en sí mismo la batalla ganada porque si ni la amenaza del dolor ni las pesadillas del rechazo y ni las sentencias de muerte te hacen retroceder ni te doblegan a postrarte ante el desánimo, tu visión se hará más aguda y será muy poco probable que te rindas ante otro tipo de enemigos.

Este concepto pudiera parecer tormentoso para el alma porque no tiene la capacidad de ver cómo la aflicción presente no tiene comparación con la gloria que en nosotros va a manifestarse. No obstante, la vida puesta como sacrificio en el altar siempre daba, en el tiempo antiguo, un fruto de bien para el que lo ofrecía. Por eso las víctimas eran atadas a los cuernos del altar donde su fuerza se iba consumiendo y el fuego acababa con todas sus esperanzas. Cristo cedió su voluntad por la voluntad del Padre y eso dio como resultado la más grande de las manifestaciones de poder y de gloria.

Es verdad que ningún sufrimiento es motivo de alegría y hay procesos tan llenos de dolor que todos evitaríamos si tuviéramos alternativa, pero cuando las cuerdas de la soberanía de Dios caen sobre nuestros anhelos humanos, sobre nuestras ideas de lo que creemos que es mejor para nosotros y nos atan al altar, muchas veces nuestra ignorancia nos nubla la visión llevándonos a pensar que nada bueno resultará de ese proceso; sin embargo te darás cuenta que Dios no permitiría la cruz sino tuviera ya preparado el día de resurrección en tu vida.

"Jehová es Dios, y nos ha dado luz; Atad víctimas con cuerdas a los cuernos del altar. Mi Dios eres tú, y te alabaré; Dios mío, te exaltaré. Alabad a Jehová, porque él es bueno; Porque para siempre es su misericordia".

Salmos 118:27-29

Estar atado al altar es estar atado a Cristo, es reconocer su plan por encima del nuestro, es tomar nuestra cruz y seguirle sabiendo que lo que él quiera, a dónde él nos lleve, será mejor que lo que nosotros queremos y a donde nosotros queremos ir. Es glorioso el día cuando reconoces que él es más fuerte que tú, es más sabio que tú, sus caminos son más altos que los tuyos y sus pensamientos más grandes que los tuyos. Estarás bien porque nunca el barro que él tomó en sus manos se echó a perder, ninguna oveja jamás de su redil se extravió ni tampoco rompió nunca ningún cántaro que él no tuviera un plan para restaurar, y en una magnitud de más gloria. Ninguno de sus hijos ni ninguno de sus ministros pasó por el quebranto donde él no estuviera ahí para consolarles y restaurarles. No te rehúses al destino que Dios ya marcó para ti, estamos atados a los cuernos del altar, pero no sientas lástima por ti mismo ni tampoco permitas que nadie te dé su lástima. Mucho menos aceptes que el diablo venga a condenarte porque, aunque has sido puesto en ese altar, somos un sacrificio vivo, santo agradable a Dios.

Tampoco te quejes por lo que te ha sobrevenido, será mejor que dejes fluir la fuente desde tu espíritu un sacrificio de alabanza, fruto de labios que confiesen su nombre.

Esas cuerdas que nos atan al altar del sacrificio no son cuerdas de juicio, ni llevan en ellas castigo, son cuerdas de su amor. Su amor que siempre prevalece, su amor que nos ha rodeado, su amor que nos constriñe para que no vivamos para nosotros mismos sino para Aquel que resucitó de los muertos. Porque a la postre Dios nos dará el fin que esperamos y mucho más abundante de lo que pedimos o entendemos en maneras que nunca imaginamos posibles. Te gozarás en gran manera cuando te des cuenta que los desiertos que caminaste sirvieron para conocer en profundidad el amor de Dios en ti y te dieron el entrenamiento de fe para derribar los gigantes que encontrarás en la tierra prometida.

Llevarás los testimonios en tus labios de la fidelidad de Dios que consolarán a muchos. La muerte dará como resultado la vida porque

Dios hará brotar en la tierra árida manantiales y aun el tronco seco reverdecerá y llevará mucho fruto, así como la vida del cordero de Dios puesta en la cruz del calvario ha dado como resultado la salvación de muchos para su gloria.

"Con cuerdas humanas los atraje, con cuerdas de amor; y fui para ellos como los que alzan el yugo de sobre su cerviz, y puse delante de ellos la comida".

Oseas 11:4

Camino a la Muerte

Toda la opresión que se efectuó en el sacrificio de Cristo y sus sufrimientos comenzó en la dimensión espiritual pues no fue solamente lo que padeció en su cuerpo, que generalmente es donde se hace más énfasis, sino también lo que padeció en su alma y su espíritu que nos da a nosotros total salvación. Desde que él comenzó a anunciar su muerte, la actividad de las tinieblas empezó a intensificarse, la presión emocional y espiritual requerían que su visión no fuera desviada por nada ni nadie en lo absoluto, era su deber el cumplir el llamado del Padre y pagar el precio con su vida por la redención de la humanidad. El diablo no quería que él llegara a la cruz y trató de impedirlo desde que Jesús era un niño. Le ofreció los reinos de este mundo para evitar que comenzara su ministerio y cuando eso no funcionó, arremetió con las críticas y el odio personificado en los fariseos. Como eso tampoco funcionó entonces trató de persuadirlo con el argumento que apela a las emociones y que es tal vez uno de los más comunes en alma del ser humano: Ten compasión de ti mismo. Vinieron estas palabras de alguien cercano, del apóstol Pedro quien había quitado su mirada de las cosas de Dios y la había puesto en las cosas de los hombres. Siempre la vereda que lleva a una vida fructífera estará llena de ofertas para desviarte de la visión, para llegar a la meta pero sin sufrimiento, de tener el premio pero sin correr legítimamente la carrera. Serán voces que te dirán: Ten compasión de ti mismo, que en ninguna manera esto te acontezca. No retrocedas, sigue caminando hacia adelante porque nosotros no somos de los que retroceden sino de los que tiene fe para preservación del alma.

Tenemos como fuerza la vida de Cristo, como inspiración su entrega, como propósito ser semejantes a él en carácter, como meta la gloria eterna. Nuestro ejemplo es alguien que nunca titubeó por la presión de la gente, que no buscó la aprobación de religiosos ni políticos, que no fue movido por las acusaciones de los poderosos. Alguien que no se encorvó por la traición de un amigo ni se tambaleó por la negación de un discípulo. Ni siquiera amenazó cuando su pueblo le entregaba a la muerte ni se quejó cuando llevaba la cruz sobre su espalda. Fue valiente, sin temor al dolor del sufrimiento, con su mirada puesta en el fruto de su aflicción, se paró con firmeza, afirmó su rostro y exclamó: Muerte yo seré tu muerte.

"Cuando se cumplió el tiempo en que él había de ser recibido arriba, afirmó su rostro para ir a Jerusalén".
Lucas 9:51

GETSEMANÍ

El huerto del Edén fue donde la humanidad lo tuvo todo y también fue donde todo lo perdió. El pecado entró llevando al hombre a una condición caída y que fue heredando a su descendencia una esclavitud espiritual por la cual siempre se vivía en temor, el temor de morir. Fue en otro huerto donde el postrer Adán tomo en él esa condenación de muerte en la copa del juicio de la ira de Dios. Su naturaleza santa tomaría la maldición de toda la humanidad. El que no conoció pecado se hizo pecado y en el huerto de Getsemaní comenzó a sentir la angustia en su alma de la opresión por lo que estaba a punto de ocurrir. La noche era oscura, el peso de la tristeza que invadía su corazón era aterrador, la soledad le golpeaba el alma, pero no era por los sufrimientos que enfrentaría ni por la traición de Judas ni el abandono total de sus discípulos ni siquiera era por la misma muerte. Lo que estaba ocurriendo en ese huerto era que estaba tomando la copa con la misma esencia de la maldición del pecado, por eso su oración era intensa, perseverante, solitaria, y resignada.

> *"Y les dijo: Mi alma está muy triste, hasta la muerte; quedaos aquí y velad".*
>
> **Marcos 14:34**

La presencia de su Padre se alejaba poco a poco de él porque el cordero puro y santo ponía sobre su espalda esa misma naturaleza que distanció a la humanidad del huerto de Dios, de manera que no solo su alma experimentó una terrible tristeza, sino que la angustia empezó a invadir su ser de manera que agonizaba. Los dolores de la muerte comenzaban a caer sobre él, en ese huerto, en el Getsemaní, el lugar que es la prensa de aceite. El olivo de Dios había sido puesto para ser molido, el ungido por excelencia era presionado espiritualmente y emocionalmente que, su sudor como un pozo en medio del desierto, comenzó a brotar como grandes gotas de sangre.

"Y estando en agonía, oraba más intensamente; y era su sudor como grandes gotas de sangre que caían hasta la tierra".
Lucas 22:44

Serás llevado a tu Getsemaní, tu propio huerto donde te esperarán las más grandes pruebas que jamás hayas enfrentado y sentirás que no solo la gente te ha abandonado sino que la presencia de Dios también te ha dejado. Te sentirás que estás enfrentando al mundo entero, la opresión de las tinieblas será mayor, los retos serán más grandes que nunca y buscarás en tu corazón alguna otra alternativa para evitar el sufrimiento. Hay momentos cruciales en la vida que son inevitables, donde serás puesto en la prensa, presionado, molido, triste y en soledad. Una cosa debes saber y tener siempre presente, nosotros no somos llevados a ese punto en nuestras vidas para fracasar, eso es solamente la herramienta para extraer lo que llevamos dentro y brotará como una fuente la naturaleza divina que él plantó en nuestro espíritu.

En la debilidad brotará fortaleza, en el odio brotará amor, en el rechazo buscarás de la presencia de Dios, y hacia los que te han herido brotará, desde la fuente de tu espíritu, perdón.

Jesús se postró sobre su rostro ante el único que podía librarle porque aun en medio de la opresión guardó su humildad, aun cuando sentía la agonía del abandono de la presencia de su Padre no recriminó, no se quejó, no maldecía sino que, humillado con su rostro en tierra clamó desde su espíritu: ¡Padre mío! Se nos pueden acabar la fuerza, las alternativas, los amigos, los recursos, el amor humano que se nos fue ofrecido para darnos consuelo. Se nos puede acabar todo en esta vida, pero en los momentos donde se intensifican los ataques en el campo de batalla y nadie está ahí para ayudarnos, todavía nos queda Dios, todavía podemos levantar el escudo de la fe, y todavía podemos ondear muy en alto la bandera de la esperanza en nuestra roca de salvación.

Oró tres veces, fue insistente, perseverante, a pesar de la carga que se hacía pesada y a pesar de que los impíos se preparaban para matarle, él oró sin desmayar. Qué gran ejemplo del cómo se encuentra fortaleza cuando se atraviesa por la noche oscura de la prueba sin desmayar, orando. Orando al Padre, porque la oración no es otra cosa que el reconocimiento de un alma moribunda ahogándose en las aguas revolcadas de la muerte, pero sabe que su único socorro viene de Jehová. Fue una oración solitaria, insistente, consiente del Padre celestial pero ante todo fue una oración sometida, desprendida de todo anhelo humano porque soltaba todas las alternativas que tuviera para que el proceso fuera de otra manera y exclamó: "Que no sea como yo quiero, sino como tú".

> *"Yendo un poco adelante, se postró sobre su rostro, orando y diciendo: Padre mío, si es posible, pase de mí esta copa; pero no sea como yo quiero, sino como tú".*
> **Mateo 26:39**

Cuando se sufre en el huerto de Getsemaní y eres puesto en la prensa de aceite para ser exprimido de toda tu esencia, entendiendo aquella gran verdad en los labios del salvador, que el que procura salvar su vida la perderá, pero el que pierde su vida en este mundo la guardará para vida eterna, experimentas también un alto nivel de conciencia del cielo. Donde se le pierde el valor a las cosas terrenales, no interesa más el aplauso de la aprobación de este mundo, ni se busca ya los primeros lugares que la gente da, todo es tan vano comparado con el oasis de la presencia de Dios en medio de la soledad de tu huerto. Lo único que importa es decir: El hacer tu voluntad oh Dios me ha agradado. Es ahí donde tendrás conciencia que aunque en esta tierra llores tienes un Padre celestial que te consuela, que aunque los hombres te miren caminar solo hay un ejército de ángeles ministrando la presencia de Dios en tu vida. En ese Getsemaní será el lugar donde se pierden los temores y fluye el aceite de la unción que pudrirá el yugo. Nunca estuviste solo, el Dios de toda consolación siempre estuvo contigo.

"Y se le apareció un ángel del cielo para fortalecerle".

Lucas 22:43

Los Sufrimientos de Cristo

"Los profetas que profetizaron de la gracia destinada a vosotros, inquirieron y diligentemente indagaron acerca de esta salvación, escudriñando qué persona y qué tiempo indicaba el Espíritu de Cristo que estaba en ellos, el cual anunciaba de antemano los sufrimientos de Cristo, y las glorias que vendrían tras ellos".

1 Pedro 1:10

Es maravilloso pensar que desde el tiempo antiguo Dios abrió los ojos de los profetas para ver este maravilloso principio de gloria en la vida de Cristo Jesús. Ciertamente miraron los sufrimientos que el cordero de Dios atravesaría, no solo en su cuerpo, sino también en su alma. Sin embargo, también miraron las glorias que vendrían tras ellos.

Estos profetas también eran llamados videntes porque tenían la capacidad dada por Dios para ver como Dios ve y de esta manera transmitir un mensaje de esperanza al pueblo, no solamente como un buen discurso de motivación sino como la realidad que venía para ellos preparada de antemano por Dios. Esto es vital cuando nosotros también pasamos por los periodos de sufrimiento en nuestras vidas. El dolor tiende a cegarnos de tal manera que no encontramos propósito alguno para nuestro proceso ni podemos ver qué es lo que nos espera detrás de la angustia. Por eso nos fue dada la fe, para ver con los ojos espirituales lo que humanamente no podemos percibir. Te darás cuenta de esta gran verdad: Viene gloria detrás de cada sufrimiento.

Antes del dolor físico Jesús sufrió en su alma. Es ahí en el alma donde se hace pesada la carga, de manera que muchas veces es más terrible lo que se duele el alma en sus emociones que el mismo dolor físico. En el año y medio que estuve bajo el tratamiento de quimioterapia pude observar la angustia en los ojos de la gente que perdía completamente la esperanza. El abandono de sus familiares, la falta de amor, el rechazo provoca tormentas internas que hacen que las personas se dejen morir. Pierden el apetito y poco a poco son consumidos por la tristeza. No es el cáncer del cuerpo sino el cáncer del alma que termina con sus vidas. Por otro lado, los que pudieron guardar fuerza interna, pudieron asirse de la fe y aunque algunos de ellos perdieron la batalla contra el cáncer, de alguna manera siempre reflejaron gozo, de ese gozo que no se encuentra en lo temporal de este mundo, sino que proviene del saber que nuestro Dios nos pastoreará más allá de la muerte.

Después de sufrir internamente, Jesús experimentó el golpe del abandono de los que estaban cerca de él. No solo fue la traición de Judas ni la negación de Pedro, todos sus discípulos lo dejaron solo. Fue herido en esa área donde el alma busca alguien en quien pueda sostenerse y cuando descubre que el camino que esta puesto delante se tiene que caminar en soledad, el alma desespera. Es una vereda cuesta arriba que nos inunda de temor porque nadie puede caminarla por ti ni contigo. En las palabras del profeta: el Pastor sería herido y las ovejas serían dispersas. Que no se amargue tu corazón por los que te dejaron ni des lugar al temor en tu corazón porque la tormenta tiene ya su fecha de caducidad, la noche será breve y en la mañana volverá a salir el sol. Sabrás que la ayuda humana se va para que al final el único que se lleve la gloria por el fruto que de ti brotará, sea el que siempre se quedó contigo, para secar tus lágrimas y darte fuerza en los tiempos de debilidad. Las águilas vuelan solas porque se les dieron alas para remontarse a alturas que a otros no se les dio llegar.

El profeta Zacarías mirando las heridas de Cristo dijo: "Con ellas fui herido en casa de mis amigos". Juntaron consejo los ancianos, buscaron testigos falsos, su pueblo, su gente con quienes partió el pan, quienes le vieron brillar en gloria y santidad como a nadie más, ahora se volvían contra él para entregarle a la muerte.

Vinieron también las palabras hostiles de los que se les había dado el poder para torturar el cuerpo de Jesús, ofensas, palabras humillantes llenas de odio. El discípulo que le había dicho al Señor que aunque todos se escandalizaran él se mantendría fiel, le negó tres veces y antes que amaneciera se escucharían las injurias de su boca a la persona de nuestro Señor. Le cubrían su cabeza para luego golpearle violentamente y burlándose le decían que profetizara, que dijera quién le había pegado. Fue arrestado en la madrugada y le golpearon toda la noche, fue llevado ante el concilio para ser juzgado; cuando fue traído a Pilato su cuerpo ya estaba amordazado, debilitado. Pilato le envió a Herodes, quién lo humillo burlándose y menospreciándole. No abrió su boca, como un cordero camino al matadero. Fue traído una vez más a Pilato para que le condenara a muerte, pero la tristeza en su corazón y el cansancio físico ya le agotaban en gran manera. Pilato quería soltarle pero el pueblo clamaba ¡Crucifícale, crucifícale!

Aunque pareciera insólito cuando uno lleva el estigma del sufrimiento, siempre aparecen los que se burlen de ti, los que se mofen de tu fe, los que digan: ¿Dónde está su Dios? Te dirán que estás tirado en el suelo del fracaso porque es lo que mereces y eso duele. Te dirán que estás pagando las consecuencias de alguna mala decisión, que esto es fruto de tu pecado y Dios mismo te ha abandonado. Nunca olvides que por tan bajo que caigas, por tan débil que estés, tu posición espiritual nadie te la puede quitar. Lo que te suceda en esta vida nunca podrá afectar lo que ya tienes en el reino de los cielos. La opinión de la gente no cambia la voluntad de Dios y no porque la gente te considere como un gusano quiere decir que tu propósito ha quedado nulo.

Ten por seguro que Dios levantará tu cabeza y tus ojos volverán a ver la gloria manifiesta del Padre en tu vida.

Jesús tomó la cruz, llevando una corona de espinas en su frente, su espalda lacerada yendo al lugar que le llaman la Calavera, el Gólgota. Nadie imaginó cómo esa cruz y ese lugar de muerte serían para siempre transformados por el más grande símbolo de fuerza y de poder. Donde la muerte fue vencida, el pecado condenado y el diablo y su reino de muerte aplastado para siempre. ¡Aleluya!

EL SEPULCRO

"Diciendo primero: Sacrificio y ofrenda y holocaustos y expiaciones por el pecado no quisiste, ni te agradaron (las cuales cosas se ofrecen según la ley), y diciendo luego: He aquí que vengo, oh Dios, para hacer tu voluntad; quita lo primero, para establecer esto último.En esa voluntad somos santificados mediante la ofrenda del cuerpo de Jesucristo hecha una vez para siempre".
Hebreos 10:8-10

La manera como la vida se reproduce es conocido como el ciclo celular. La célula nace, se desarrolla, se divide y se reproduce. Esa es la manera cómo opera toda la vida existente. Jesucristo declaró que él es la vida y anunció que así como el grano de trigo cae a tierra y muere, también el hijo del hombre habría de morir y ser sepultado para llevar mucho fruto. El proceso para la multiplicación de su vida comenzaba con su muerte; mientras su cuerpo estaba en el sepulcro entraba en operación el misterio más maravilloso de la vida humana. Cristo se dividía a sí mismo para reproducir su vida en nosotros.

Entendiendo que la ley en el tiempo antiguo era sombra de los bienes venideros y anunciaba la obra que Cristo haría en la cruz del calvario, cumpliendo en plenitud todas las ofrendas y ordenanzas en su vida misma, podemos ver con claridad que así como él es el cordero de la Pascua, el pan sin levadura, las primicias de la resurrección, también es nuestra expiación. Esta fiesta para el pueblo de Israel precedía a la fiesta de los Tabernáculos, donde se celebraba entre otras cosas la bendición de la cosecha anual. Marcaba un tiempo solemne para Israel y de mucha importancia porque garantizaba que un año más sus pecados quedaron absueltos delante de Dios por la sangre del macho cabrío.

Dos machos cabríos eran traídos delante del sacerdote, uno era ofrecido a Dios y degollado a la puerta del Tabernáculo, cuya sangre era llevada hasta el lugar santísimo delante de la presencia de Dios, rociada siete veces sobre el propiciatorio, el asiento de misericordia. Cuando el sacerdote salía, el pueblo tenía la seguridad que había sido limpio de sus pecados delante de Dios. El sacerdote ponía sus dos manos sobre la cabeza del otro macho cabrío confesando las iniquidades y pecados del pueblo, de manera que toda la maldición era llevada al desierto a tierra inhabitada para morir de sed.

Las últimas palabras de Jesús fueron: Padre en tus manos encomiendo mi espíritu y expiró. Él le había dicho al ladrón: De cierto te digo que hoy estarás conmigo en el paraíso. Efectivamente su espíritu fue al paraíso porque antes que muriera, los justos estaban en el paraíso, en el seno de Abraham, y Jesús fue a predicarles a ellos según nos testifica el apóstol Pedro:

"Porque también Cristo padeció una sola vez por los pecados, el justo por los injustos, para llevarnos a Dios, siendo a la verdad muerto en la carne, pero vivificado en espíritu; en el cual también fue y predicó a los espíritus encarcelados".
1 Pedro 3:18-19

Sin embargo, su alma descendió a las partes más profundas de la tierra y así como aquel macho cabrío, nuestro salvador llevaba el castigo de nuestras iniquidades sobre él, para sufrir los tormentos del infierno por nosotros. De esto la biblia nos da detalles en las profecías, que de antemano anunciaron que su alma descendería al Seol y sufriría los castigos de la muerte en una manera inimaginable.

"Porque no dejarás mi alma en el Seol, Ni permitirás que tu santo vea corrupción".

Salmos 16:10

Nuestro Señor Jesucristo descendió al Seol con la promesa en su corazón que el Padre no lo dejaría ahí ni tampoco permitiría que se corrompiera. Mientras era atormentado y no había quien pudiera ayudarle solo confiaba en la palabra que se le había dado. Estuvo tres días y tres noches en las profundidades de la tierra hasta que su alma quedó inerte. Nosotros seremos muchas veces, y en diferentes dimensiones en nuestro caminar de fe, pasados por tiempos donde seremos sepultados, heridos de muerte. Lo único que da fuerza ahí es el recordar las promesas hechas por el Padre a nuestra vida. Podremos pasar por humillación, pero Dios levantará nuestra cabeza, nos empujará el enemigo para caer pero nos sostendrá el Señor, caminaremos por valles de sombra y de muerte, pero el buen Pastor caminará a nuestro lado, lloraremos por un instante pero volverá sobre nosotros el gozo y la alegría.

Estos tiempos en la vida de un cristiano no son para mal, aunque cuando se atraviesa por ellos el alma queda sin fuerza, y los enemigos espirituales que tenemos que enfrentar parecieran más fuertes que nosotros. Siempre caen los dolores de la muerte despiadadamente sobre nosotros cuando estamos más vulnerables, cuando estamos quebrantados, heridos y sin fuerza. Debes de saber que Dios nunca permitirá que mires corrupción, no dejará que el enemigo se mofe de ti ni declare sobre tu vida victoria. Estaremos atribulados pero no angustiados, en apuros pero no desesperados, perseguidos pero no desamparados, derribados pero no destruidos. Siempre guardamos en nosotros la esperanza que así como dijo el Señor que vendría, así vendrá y nosotros esperaremos en él siempre, porque los que esperaron en él nunca fueron avergonzados.

Confía que el que comenzó en ti la obra, la perfeccionará, un poquito más y miraremos la manifestación de la gloria de Señor.

Te sacará a lugar espacioso porque tu crisis nunca podrá anular el propósito de Dios en tu vida.

> *"Envió desde lo alto; me tomó, me sacó de las muchas aguas. Me libró de mi poderoso enemigo, Y de los que me aborrecían; pues eran más fuertes que yo. Me asaltaron en el día de mi quebranto. Más Jehová fue mi apoyo. Me sacó a lugar espaciosos; Me libró, porque se agradó de mí".*
>
> **Salmos 18:16-19**

LA RESURRECCIÓN

Se sembró en dolor, traición, vergüenza, debilidad y muerte; no obstante a través de la misma muerte que tenia bajo esclavitud a la humanidad se manifestó el poder de la resurrección. No conoceríamos con plena seguridad la existencia de un poder más grande que la muerte si Cristo Jesús no hubiese participado de ella. Nunca antes en la historia de la humanidad había muerto alguien como él. La tierra se había abierto para recibir incontables cuerpos inertes, devorándolos hasta la descomposición total, sin esperanza de que volverían a salir de ahí. Nunca antes la tierra había guardado una sangre tan pura, santa, divina como la del salvador del mundo, de tal manera que la hizo estremecer. Tembló, el sol cerró sus ojos, el velo del templo fue rasgado, el alma del Señor descendía a lo más profundo, como una semilla de trigo escondida en las entrañas de la tierra, sembrada la esencia de vida divina, la cual el infierno no conocía.

El diablo imaginó una victoria definida, el autor de la vida había entrado a los territorios del imperio de muerte con el que el adversario tenía atemorizada a la humanidad. Los más poderosos, los más santos, los más sabios, los más humildes, los más valientes, todos por igual habían terminado derrotados por la muerte, el más terrible de los enemigos del hombre. El diablo pensó que Jesús de Nazaret no sería la excepción, quedaría atrapado por los lazos de la muerte. Ahí estaba Jesús esperando que la promesa del Padre se cumpliera, su cuerpo en el sepulcro, su alma en el Seol, su espíritu en el paraíso, dividido así mismo, confiado, seguro de la estrategia divina que al participar de la muerte la vida se manifestaría.

Tres días y tres noches en el corazón de la tierra, como Jonás en el vientre del pez, como él ya había profetizado, que en tres días volvería a edificar el templo derribado. Hasta lo más profundo de la tierra entró el Espíritu de resurrección, avivando el alma de Jesús; el impacto de esta manifestación en todo el reino de las tinieblas fue atroz. El diablo retrocedió, Jesucristo se levantó con potencia y autoridad y le arrebató las llaves de la muerte y del Hades. La fuerza que se requería para sacar el alma de Jesús del infierno y su espíritu del paraíso y juntarlos una vez más en su cuerpo era increíblemente sobrenatural. Nunca antes esto había sucedido, hubo un segundo terremoto que movió aun la piedra del sepulcro donde está el cuerpo de Jesús. La puerta del pozo del abismo se abrió y el Cristo, el hijo de Dios, rey de reyes y señor de señores, se levantó de la muerte para siempre proclamar: Yo soy la resurrección y la vida, el que cree en mí aunque este muerto vivirá.

Esto era una estrategia de guerra, Jesucristo tomó el pecado en él, la maldición de la humanidad, la enfermedad y lo llevó hasta la cruz, la crucificó con él. Todo con el propósito de participar de la muerte y, una vez que había muerto, manifestar en él la resurrección, quitando de en medio el temor a la muerte por medio de la fe.

> *"Así que, por cuanto los hijos participaron de carne y sangre, él también participó de lo mismo, para destruir por medio de la muerte al que tenía el imperio de la muerte, esto es, al diablo, y librar a todos los que por el temor de la muerte estaban durante toda la vida sujetos a servidumbre".*
> **Hebreos 2:14-15**

Era imposible que fuera retenido por la muerte, Dios le levantó y con su resurrección quedó abolido para siempre el castigo del pecado, la condenación, la maldición y el temor. Porque la muerte nunca más se enseñoreará de nosotros los que creemos en él. Cada vez que atravieses por un invierno que amenaza con quitar de ti toda esperanza de vida, ten presente la victoria total de Cristo sobre la muerte y espera, pacientemente espera en las promesas de resurrección dadas a nosotros los que creemos. Porque si Cristo resucitó, nosotros también resucitaremos con él. Siempre seremos entregados a la muerte, procesos donde otros son derribados, temporadas donde otros no han salido, alturas de donde otros han resbalado, porque somos contados como ovejas de matadero. Pero cuando entras a los terrenos del imperio de la muerte con el conocimiento que ese enemigo ya ha sido derrotado, enfrentas a tu adversario sin temor, con la seguridad que siempre vencerás; que cuando la muerte actúa de cualquier manera en tu caminar también actuará la vida, se manifestará el Poder de Cristo levantándote del polvo y sacándote a lugar espacioso, dándote siempre victoria. Porque es imposible que seas retenido por la muerte, nosotros somos hijos de resurrección.

> *"A éste, entregado por el determinado consejo y anticipado conocimiento de Dios, prendisteis y matasteis por manos de inicuos, crucificándole; al cual Dios levantó, sueltos los dolores de la muerte, por cuanto era imposible que fuese retenido por ella".*
>
> **Hechos 2:23:24**

Por este hecho innegable, histórico, profundo e impactante de la resurrección de Jesucristo es que nosotros los cristianos tenemos una perspectiva diferente acerca de la vida y de la muerte, una respuesta valiente ante las tormentas de sufrimiento que azotan nuestra barca.

Por eso es que no hay temor en el corazón ni por el dolor, ni por los ataques de la gente o del diablo, ni tampoco nos atemorizan los retos de gigantes que amenacen con derribarnos, ni siquiera hay en el corazón miedo a la misma muerte. Si Cristo resucito nuestra fe es el baluarte que nos garantiza victoria en cualquier campo de batalla. Sea que vivamos o sea que muramos somos del Señor, si vivimos para él vivimos y si morimos para él morimos. El morir aquí en esta vida es despertar en la presencia de nuestro Dios, podemos enfrentar cualquier reto sabiendo que el resultado siempre será para la glorificación de la vida de Cristo en nosotros. Podemos decir sin temor a equivocarnos que la muerte ha sido quitada y hemos descubierto el secreto de la inmortalidad por la predicación del evangelio de nuestro Señor y salvador. En cualquier situación que te encuentres debes de tener por seguro que no morirás, vivirás y le contarás al mundo del novedoso poder de la resurrección de Jesucristo.

> *"Pero que ahora ha sido manifestada por la aparición de nuestro salvador Jesucristo, el cual quitó la muerte y sacó a luz la vida y la inmortalidad por el evangelio".*
> **1 Timoteo 1:10**

LA EXALTACIÓN

La humillación de la muerte, la vergüenza de la cruz, la traición del que comía en su mesa, el abandono de su pueblo, aun el castigo de la ira del Padre sobre él no se compara al nivel de gloria y la magnitud de poder que recibió. El Padre celestial le entregó todo el dominio, sobre todo principado, sobre toda potestad. Lo sufrió todo, experimento los retos más terribles que azotan la humanidad, descendió a lo más profundo, de manera que no hay nada en cualquier nivel que se pueda comparar a lo que Jesús de Nazaret experimentó. No hay argumento contra él, toda el acta de decretos quedó anulada, la quitó de en medio, la clavó en la cruz y despojó a las potencias de las tinieblas y los exhibió públicamente adquiriendo total victoria sobre todo.

Por eso fue exaltado hasta lo sumo, por eso tiene un nombre que nadie en esta Tierra tiene, por eso toda rodilla ha de doblarse ante él y todos confesarán que este Jesús, que entregaron a la muerte Dios lo hecho señor rey y Cristo para siempre. La resurrección prueba quién es él, pero la exaltación señala de lo que él es digno.

> *"Por lo cual Dios también le exaltó hasta lo sumo, y le dio un nombre que es sobre todo nombre, para que en el nombre de Jesús se doble toda rodilla de los que están en los cielos, y en la tierra, y debajo de la tierra; y toda lengua confiese que Jesucristo es el Señor, para gloria de Dios Padre".*
> **Filipenses 2:9-11**

Los sepulcros se abrieron y muchos santos del tiempo antiguo resucitaron también, el poder que se efectuó era tan grande que los que estaban en el paraíso recibieron lo que tanto anhelaban: ver el cumplimiento de su fe en el hijo de Dios porque habían creído aun sin verle y murieron saludando de lejos las promesas. Y cuando Cristo se levantó de la muerte también ellos fueron levantados. Nuestro Señor predicó acerca del reino de los cielos por cuarenta días; después de haber resucitado se apareció a todos los discípulos y muchos hermanos fueron testigos de su resurrección. Les habló de esperar en Jerusalén en la promesa del Padre, y que vendría otro consolador, el Espíritu Santo, y ahí en el monte de los olivos les dio las últimas instrucciones y lo inimaginable sucedió. Comenzó a elevarse sobre las alturas, los ojos de sus discípulos llenos de asombro miraron como una nube le cubrió y desapareció de su vista. Muchas veces he pensado en este acontecimiento y siempre mi alma se llena de asombro. Sin ningún artefacto, sin ninguna nave, sin ninguna fuerza humana que lo impulsara, Jesucristo se elevó hasta los cielos, atravesó nuestra atmósfera, cruzo la luna, el sol, aun más allá de nuestra galaxia y traspasó los cielos con el mismo poder de su resurrección.

"Por tanto, teniendo un gran sumo sacerdote que traspasó los cielos, Jesús el hijo de Dios, retengamos nuestra profesión".
Hebreos 4:14

El apóstol Pablo para describir esto usa la expresión: la supereminente grandeza de su poder. No hay nada que se compare a ese poder del Cristo resucitado, porque fue más allá de lo que humanamente podemos ver o comprender. Los principados, autoridades, poderes y señoríos, todo quedó sometido a él. No ha existido ni habrá un nombre más grande que su glorioso nombre, subió a los cielos para llenarlo todo él, para que ninguna cosa creada en el cielo ni en la tierra tenga el poder de separarnos de su amor.

La promesa para nosotros es que ese mismo poder que le levantó de los muertos y le sentó en la majestad de los cielos, está operando en nosotros los que creemos.

Lo primero que hace es que nos regenera el espíritu, nos hace nacer de nuevo en la dimensión del reino de los cielos, nos quita la maldición del pecado y nos da vida nueva. Después nos vivifica diariamente en nuestra alma, cuando enfrentamos los retos en esta vida, cuando somos agobiados por las sentencias de muerte, este poder está operando en nosotros continuamente para que en medio de los procesos de muerte se manifieste por la fe el poder de resurrección. Nos renueva, nos transforma, nos impulsa, nos levanta. De manera que podemos decir que aunque peligramos a toda hora y somos llevados al campo de batalla, donde enfrentamos fieras, enemigos más fuertes que nosotros, somos en todo más que vencedores por medio de Cristo Jesús y con este conocimiento venga lo que venga sabemos que estamos del lado del que venció la muerte y tiene dominio sobre todo.

Y no solo eso, sino también cuando nuestros cuerpos mueran serán guardados en esperanza, porque llegará el día que los muertos en Cristo resucitarán primero, lo corruptible se vestirá de incorruptible y seremos despertados en gloria. Por el poder de la resurrección y de la exaltación de Cristo, la muerte ha perdió su aguijón y al sepulcro se le fue quitada su victoria.

> *"Y cuál la supereminente grandeza de su poder para con nosotros los que creemos, según la operación del poder de su fuerza, la cual operó en Cristo, resucitándole de los muertos y sentándole a su diestra en los lugares celestiales, sobre todo principado y autoridad y poder y señorío, y sobre todo nombre que se nombra, no sólo en este siglo, sino también en el venidero".*

Efesios 1:19-21

Después de la caída del hombre, el acceso a la gloria de Dios quedó anulado, el pecado nos destituyó de nuestra posición y la humanidad no había podido acceder por sus propios méritos, a esa gloria que había perdido. Sin embargo, nuestro salvador se elevó a lo más alto, dónde nadie jamás había llegado, dónde el ojo humano aun en la actualidad no ha podido ver ni con toda la ciencia y tecnología que ha obtenido. El Señor traspasó los cielos y llegó hasta la misma majestad de las alturas donde el rey David por el espíritu de revelación, pudo ver que hay unas puertas eternas que no se habían levantado jamás para el hombre. El Señor victorioso se paró delante de esas puertas y el decreto fue: ¡Alzad oh puertas vuestras cabezas y alzaos vosotros puertas eternas y entrará el rey de gloria! El asombro de todas las huestes angelicales exclamó: ¿Quién es ese Rey de gloria? La respuesta rotunda que cambió la historia es: Jesucristo es el rey de gloria. Aquellas puertas no pudieron sino levantarse y darle entrada al único que ha vencido con poder.

En una manera profética, el rey David también miró al Padre cuando se puso de pie ante la victoria absoluta de su hijo y expresó:

"Jehová dijo a mi Señor: Siéntate a mi diestra, Hasta que ponga a tus enemigos por estrado de tus pies".
Salmos 110:1

Así se cumplía toda la escritura en la persona de nuestro Jesús de Nazaret, lo que el profeta Isaías había observado y declarado: He aquí mi siervo será prosperado, será engrandecido y exaltado, y será puesto muy alto (Isaías 52:13). El cordero de Dios inmolado es declarado digno de recibir toda la gloria y el honor, la alabanza y el poder.

Si esta historia del sufrimiento convertido en gloria terminara ahí fuera aun así la más maravillosa de todas las historias jamás contadas. Sin embargo, la escritura nos muestra todavía algo aun más glorioso, porque cuando Cristo estaba yendo a la cruz, nos tomó por la fe a nosotros, nuestra naturaleza de pecado y nos clavó con él en esa cruz. Cuando él murió nosotros morimos con él, cuando él resucitó nosotros resucitamos juntamente con él, pero ya no con relación a Adán, sino ahora como de otro, del que venció la muerte, de Cristo Jesús. Nos hizo su cuerpo, somos uno con él, su victoria es la nuestra, su vida nuestra esencia, su gloria nuestra identidad, su poder nuestra fuerza, su herencia nuestra riqueza. El velo que se rasgó realmente era su cuerpo, que se abrió para que nosotros fuéramos injertados en él. Así como Adán durmió para que de su esencia se le diera una ayuda idónea, también Cristo murió para dar a luz la iglesia, la cual escondió en él. Así que cuando se levantó para sentarse a la gloria de la majestad de las alturas, nosotros íbamos en él por eso la escritura declara que estamos sentados con él en lugares celestiales.

"Porque somos miembros de su cuerpo, de su carne y de sus huesos".

Efesios 5:30

No importa realmente la razón del dolor emocional que estés viviendo, ya sea por una pérdida que hayas tenido, física o de alguna familiar, o por una traición de alguien cercano a ti. Tal vez sea porque te ha tocado pasar por desiertos, batallas que has tenido que librar en soledad por el abandono de los que fueron amigos o por la falta de amor y comprensión de los que son familia. Puede ser un dolor físico causado por alguna enfermedad que golpea no solamente el cuerpo, pero también el alma, llenándola de impotencia por el tamaño de la furia con el que la tormenta ha azotado tu barca. Una cosa debes tener siempre presente, estás escondido en Cristo y no hay nada en este mundo ni en el venidero que te puedan separar del amor de Dios. Todos esos procesos de dolor y sentencias de muerte no tienen la suficiente fuerza para derribarte, puedes siempre tener la confianza que serás levantado con más gloria cada vez que el sufrimiento quiera derribarte. Que somos contados como ovejas de matadero, es verdad. Que hemos pasado por desiertos es cierto, que hemos sido atribulados en todo, también es verdad. Que nos han difamado y traicionado es verdad, que muchas veces hemos pasado por inviernos de muerte, muy cierto. Pero también es verdad que Dios nunca nos ha abandonado y que él siempre ha encaminado todo para que obre a nuestro bien, y al final después del dolor, y del sufrimiento, y aun después de las sentencias de muerte, llevemos para él mucho fruto.

> *"¿Quién nos separará del amor de Cristo? ¿Tribulación, o angustia, o persecución, o hambre, o desnudez, o peligro, o espada? Como está escrito: Por causa de ti somos muertos todo el tiempo; Somos contados como ovejas de matadero. Antes, en todas estas cosas somos más que vencedores por medio de aquel que nos amó. Por lo cual estoy seguro de que ni la muerte, ni la vida, ni ángeles, ni principados, ni potestades, ni lo presente, ni lo por venir, ni lo alto, ni lo profundo, ni ninguna otra cosa creada nos podrá separar del amor de Dios, que es en Cristo Jesús Señor nuestro".*
>
> **Romanos 8:35-39**

CUARTA
PARTE

SÉPTIMO PROCESO: LA IGLESIA LA CUAL ES SU CUERPO

"Sin muerte no hay resurrección,
y sin resurrección no hay iglesia".
José Saramago

"La única iglesia que ilumina es la que arde".
Pëtr Alekseevič Kropotkin

"Sobre esta roca edificaré mi iglesia, y las puertas
del Hades no prevalecerán contra ella".
Jesús de Nazaret

"La iglesia del Dios viviente, columna y baluarte de la verdad".
Apóstol Pablo

Desde el principio ha existido una guerra frontal entre los que son
de la fe contra los que dependen en sus propias obras, los que son de
la carne. Esa es la razón por la cual Caín mató a su hermano Abel.
La maldición que había caído sobre la tierra llevaba la sentencia que
produciría espinos y cardos, Dios había puesto enemistad entre la
simiente de la mujer y la simiente de la serpiente; también había
prometido que la simiente de la mujer, la cual es Cristo, aplastaría

la cabeza de la serpiente quitando de en medio el pecado y anulando para siempre la maldición. Abel creyó en la promesa y cuando trajo su ofrenda ofreció un sacrificio que señalaba directamente al cordero de Dios que quitaría el pecado del mundo. Caín trajo una ofrenda de su propio esfuerzo y en esa ofrenda una declaración de que no necesitaba de nadie para quitar la maldición de la tierra, él mismo había encontrado maneras para que la tierra le produjera buen fruto. Su ofrenda fue rechazada porque estaba basada en la soberbia de no poner su fe en la promesa de Dios sino en su propio esfuerzo. Eso le llenó de cólera que le llevó a quitarle la vida a su hermano, y su corazón se llenó de crueldad y violencia, dejándolo en la historia como la personificación del odio y la maldad. Por primera vez la boca de la tierra se abrió para recibir la sangre de un justo e inocente. Esa sangre comenzó a clamar por justicia y venganza, era un grito de desesperación, porque al morir él, también moría la esperanza de la humanidad, también moría la fe en la tierra y también moría el plan de salvación. El plan de Dios para restaurar la humanidad no podía morir así, no tan pronto, no tan violentamente, no tan repentino.

Debes tener presente que siempre habrá ataques que querrán detener el plan de Dios para tu vida, amenazas de muerte que pretendan abortar lo que Dios tiene preparado para ti. Los Caín de este tiempo todavía se ensañan con los que son de la fe, esa es la razón por la cual muchos se levantan para derribarte antes que llegues a la meta, sepultarte en el desierto antes que llegues a la tierra prometida, arrancarte desde la raíz antes que lleves mucho fruto. La historia está llena de testimonios de hombres y mujeres de fe que han experimentado estos ataques; pero también la historia está llena de testimonios de que los que hacen guerra contra los escogidos de Dios nunca han prevalecido y siempre esos ataques han resultado para bien. Porque todavía hay una sangre que clama desde la tierra, de otro inocente, santo y justo, solamente que a diferencia de Abel, él no clama por venganza ni justicia para sí mismo sino que está clamando delante del Padre para que cuando nosotros como su iglesia enfrentemos las amenazas de muerte, encontremos fortaleza de fe, vida de resurrección, restauración, sanidad y la misma gloria de Dios. Una cosa debemos de tener segura, y es que en nosotros su palabra se cumplirá y aun del polvo, Dios nos levantará. Siempre que mueren los Abel, Dios levanta a los Set y cuando mueren los Esteban, Dios levantará a sus Pablo y cuando mueran los Pablo, Dios levantará una generación que invoque su nombre y que a pesar de la misma muerte lleven mucho fruto para él.

> *"Y conoció de nuevo Adán a su mujer, la cual dio a luz un hijo, y llamó su nombre Set: Porque Dios (dijo ella) me ha sustituido otro hijo en lugar de Abel, a quien mató Caín. Y a Set también le nació un hijo, y llamó su nombre Enós. Entonces los hombres comenzaron a invocar el nombre de Jehová".*

Génesis 4:25:26

La historia de la iglesia a través del tiempo ha sido marcada por la sangre de los mártires que murieron perseguidos cuando los imperios del mal oprimían a la humanidad, encarcelados por reyes sanguinarios, apedreados por las religiones muertas, desterrados por políticos sin escrúpulos, con todo eso, murieron sosteniendo el escudo de la fe en sus manos, sin negar el nombre de Jesucristo ni su palabra. A pesar de la muerte que se cuenta en millones de cristianos alrededor del mundo en diferentes épocas, la iglesia gloriosa nunca ha sido derrotada, ni detenida porque llevamos en nosotros el decreto de vida y el poder de la resurrección de Cristo Jesús. Aun en medio de la muerte, de los ataques que han venido de afuera y los que se han generado desde adentro, siempre la iglesia ha encontrado la manera de resurgir, de ser restaurada, siempre el bálsamo de la sanidad de Cristo ha sanado las heridas de muerte y la ha impulsado a niveles cada vez mayores. La iglesia del Señor se ha levantado aun de las cenizas y de las ruinas de la muerte con más gloria y con más poder. El tesoro más grande del universo fue colocado en vasos de barro que, aunque en ocasiones quebrados, heridos, débiles y vulnerables, seguimos llevando sobre nuestros hombros el peso de la gloria de Dios y servimos como testimonio al mundo que la excelencia del poder no está en nosotros sino en el Dios que nos llamó. Somos una iglesia que ha sido entregada a muerte por causa de Jesús nuestro salvador pero que ha sobrevivido todas las tormentas que han querido derribarnos, porque llevamos en nosotros la vida indestructible de aquel que venció la muerte.

El proceso de muerte, sepultura y resurrección también se manifiesta en la iglesia, porque somos el cuerpo de Cristo alrededor del mundo, y no solo como cristianos individuales y ministros del nuevo pacto sufrimos, sino también como todo un organismo, ya que todavía se cumplen en nosotros lo que falta de las aflicciones de Cristo, de manera que la muerte opera constantemente en nosotros, pero también la vida, dejando un río de esperanza como herencia a las generaciones venideras, hasta que Cristo venga y la muerte sea quitada de en medio. En cada etapa y proceso de muerte se levanta una abundante cosecha tanto de almas como de carácter que ha impactado al mundo en cada generación y cuando más oscura es la noche más nuestra esperanza crece, porque Dios no permitirá jamás que su iglesia quede postrada, ni que queden de ella solo escombros después de las tormentas que le azotan, sino que nos llevará siempre a restauración y descubriremos cómo al final todo obrará para bien.

Tenemos confianza que aun en medio del caos Dios nos mostrará las sendas de la vida y nos traerá tiempos de restauración.

> *"Así que, arrepentíos y convertíos, para que sean borrados vuestros pecados; para que vengan de la presencia del Señor tiempos de refrigerio, y él envíe a Jesucristo, que os fue antes anunciado; a quien de cierto es necesario que el cielo reciba hasta los tiempos de la restauración de todas las cosas, de que habló Dios por boca de sus santos profetas que han sido desde tiempo antiguo".*
>
> **Hechos 3:19-21**

Después de las tormentas, cuando quedan los escombros y las ruinas de lo que algún día fue gloria, es fácil pensar que nada volverá a ser como antes, que los mejores tiempos quedaron en el pasado y solo podemos echar mano del consuelo de las memorias del ayer. Es preciso nunca olvidar que Dios traerá otra vez tiempos de refrigerio, y que la historia de la iglesia no va a terminar hasta que haya habido una completa restauración de todas las cosas, porque la gloria postrera será mayor que la primera. La iglesia de Cristo nunca quedará postrada, nunca será derrotada, nunca será avergonzada; cuando parece que el fuego en el altar ya se está apagando porque los vientos contrarios se han intensificado, cuando la iglesia parece débil porque ha enfermado, cuando ha quedado a un lado del camino, golpeada y herida de muerte, cuando parece que está cansada, dormida y olvidada a la intemperie de los inviernos por los que atraviesa, Jesucristo siempre aparecerá para cambiar el curso de su historia diciéndole: ¡Vive!

La historia de la iglesia ya fue escrita, su destino de victoria ya fue asegurado y sus batallas ya han sido libradas por Jesucristo. Es importante saber que cuando enfrentamos los largos procesos de muerte y sepultura como iglesia, la resurrección también es inevitable, este conocimiento nos dará confianza y sabremos esperar pacientemente en el Señor. El apóstol Juan tuvo esta revelación, el velo del tiempo le fue quitado de su realidad precisamente en un momento donde la iglesia estaba siendo perseguida y azotada, y estaba a punto de desaparecer a causa de la tribulación que le había sobrevenido. Era un mensaje de esperanza demasiado importante para afirmar a la iglesia porque había toda una generación de nuevos creyentes que no caminaron con el Señor y muchos de ellos no conocieron a los apóstoles sino que recibieron la fe por la predicación del evangelio. Todo parecía que sería el fin de la fe en el hijo de Dios. El apóstol Juan era el único de los padres de la iglesia que había sobrevivido, pero estaba preso en esa terrible cárcel, en la isla de Patmos, por la palabra de Dios. Fue ahí, cuando las fuerzas eran pocas, que tuvo la revelación más gloriosa del Cristo glorificado quien le dijo: Escribe a las iglesias lo que ves. En otras palabras, la historia no termina aquí en tu isla de sufrimiento y muerte, todavía hay mucho por acontecer, todavía este evangelio será predicado hasta el fin del mundo. Lo que el Señor le mostró es cómo la iglesia pasaría por diferentes etapas de muerte, sepultura y resurrección, y al final ni el diablo ni el falso profeta ni el anticristo ni ninguna crisis o sentencia de muerte derrotarían a la iglesia, sino que Cristo sería vencedor y su iglesia juntamente con él. Contemplemos a través de los ojos de Jesús cómo las sentencias de muerte que han venido y vendrán sobre la iglesia nunca podrán con la vida de resurrección que está operando en nosotros porque la aflicción presente no se compara con la gloria que en nosotros ha de manifestarse.

> *"Palabra fiel es esta: Si somos muertos con él, también viviremos con él; Si sufrimos, también reinaremos con él; Si le negáremos, él también nos negará. Si fuéremos infieles, él permanece fiel; él no puede negarse a sí mismo".*
>
> **2 Timoteo 2:11-13**

DE LA APOSTASÍA
A LA REFORMA

El apóstol Pablo había advertido que vendría un tiempo de apostasía, el abandono de muchos de la fe que un día les dio esperanza, la desviación de muchos cristianos de las sanas palabras que les mostraron la vida eterna. Entrarían lobos rapaces que devorarían el rebaño, la cizaña crecería con el trigo, hombres que con palabras perversas atraerían a muchos para sí, dañando la sanidad de la iglesia y manchando la pureza de sus vestidos. El proceso de muerte comenzó, entraron al mismo núcleo de la iglesia los seguidores de Caín para matar desde adentro con ataques perversos a los que guardaban la pureza de la fe, les siguieron los aprendices de Balaam que llenaron sus bolsillos lucrando con la fe, tomando la piedad como fuente de ganancia, sin quedar atrás los de la naturaleza de rebeldía de Coré, que dividían la iglesia convenciendo a muchos a regresar a Egipto. Esta desviación de la pureza golpeó a la iglesia fuertemente porque el rebaño se mezcló y la cosecha se dañó, dando a luz un tipo de hombres de influencia, de elocuencia, expertos en las artimañas del error que quisieron enseñorearse de la grey, eran conocidos como "Los nicolaítas". Estos establecieron las jerarquías dentro de la iglesia, hicieron diferencia entre la gente imponiendo la equivocada manera de ver a un grupo selecto, como privilegiado, reclamando un poder y autoridad que no les pertenecía, trayendo un invierno espiritual que enfriaría el corazón de muchos.

Después de esto cayó una sombra de muerte por la persecución que azotó la iglesia por el brazo de hierro del imperio romano. El despiadado emperador Nerón abrió la puerta de la tortura para arrestar, matar, quemar, apedrear, y entregar a muchos cristianos a leones en el coliseo para diversión de la gente, y muchos otros cubrirlos de brea para encenderlos como antorchas en su palacio. Él fue seguido por al menos nueve emperadores más que no dieron tregua a los cristianos por un lapso de más de 300 años, dejando un río de sangre de los incontables mártires por la fe en Cristo Jesús. Fue una temporada de mucho dolor, de pobreza, de tribulación que Jesús anticipó al apóstol Juan en la isla de Patmos, advirtiendo que la iglesia sería probada y muchos serían puestos en cárceles y les exhortó diciendo: Sé fiel hasta la muerte, y yo te daré la corona de la vida.

Como la persecución y los ataques de muerte que llevaron a la iglesia a ser expatriados y esparcidos no pudieron detener la fe en Cristo, sino que más bien la iglesia se multiplicaba por todas partes, entonces la estrategia del enemigo cambió. Se diseñó un plan donde la iglesia se debilitaría y la llevaría casi a desaparecer, porque le quitaría su esencia, su sencillez de creer solo en Cristo Jesús y de predicar solo su evangelio. Nació la mezcla en su más abominable versión, tras la supuesta conversión de Constantino, la persecución cesó y el cristianismo vino a ser la religión oficial de Roma, pero ya no era el cristianismo que practicaron los apóstoles y la iglesia del primer siglo, sino una mezcolanza de paganismo con una jerga de vocablo que parecía sacado de la biblia, pero no era otra cosa que una aberración terrible del verdadero evangelio de Cristo.

Este mover tenía fines políticos, de poder, de riqueza, de idolatría, de maldad y muchos comenzaron a ser seducidos por el engaño. El concepto de las jerarquías se consolidó y hombres perversos tomaron una posición que no les correspondía, esa desviación de la fe vino a ser el más grande espectáculo de herejía en la historia, el motor de una cacería a los verdaderos cristianos, testigos fieles del Señor que no titubearon en entregar sus vidas por el evangelio de la fe en Cristo, tomando como inspiración la vida de los mártires del primer siglo y la vida misma del señor Jesucristo.

Se cumplieron las palabras de Jesús cuando dijo: Viene la hora que cualquiera que os mate, pensará que rinde servicio a Dios. Sin embargo, siempre hubo un remanente que estuvo dispuesto a morir porque creyeron a la promesa de Jesucristo en su palabra de que no sufrirían daño de la segunda muerte.

Todo esto dio paso para que la iglesia de Cristo, el movimiento de la verdadera fe en la obra que él había consumado en la cruz quedará prácticamente sepultada y trajo como resultado la época del oscurantismo, donde la ignorancia de la palabra de Dios se impuso con base en la opresión, y la iglesia falsa impuso su religión usando el brazo de terror de Roma, poniendo a la humanidad al filo de la muerte, perdiendo casi toda la esperanza. La densidad de la oscuridad era tan grande que el mundo fue testigo de las más terribles atrocidades hechas en nombre de Dios por gente con la conciencia entenebrecida, que no tuvieron compasión de nadie y usaron el terror para imponer su paganismo disfrazado de piedad, el Señor Jesús describió esto como las profundidades de Satanás, el espíritu de Jezabel que seducía a muchos a la idolatría. Aunque todo parecía tinieblas y se respiraba muerte por doquier, en una sociedad donde los ricos y poderosos vivían protegidos por la falsa religión oprimiendo y persiguiendo a los pobres, marginándolos y matándolos, Dios comenzaba a traer un mover de resurrección, una manifestación tan grande de su poder que cambiaría por completo la historia de la iglesia y la historia de la humanidad.

La espera fue larga, la sombra de muerte que cayó sobre la iglesia y sobre el mundo fue aterradora, cualquiera hubiera pensado que los poderosos de ese tiempo oprimirían a la humanidad para siempre. El sistema que habían empleado parecía inquebrantable, la falsa religión mezclada con el poder político y un brazo militar que les respaldaba, era la combinación perfecta para dominar al mundo. También lo hicieron para controlar los dogmas, las tradiciones y la interpretación equivocada de las sagradas escrituras, que favorecían las mentes corruptas de los reyes y del papado. Fueron más de mil años que duró este proceso de muerte y sepultura, por el cual la iglesia atravesó, mil años de sometimiento y abusó, donde muchos murieron por la fe verdadera en Cristo Jesús. No obstante, el imperio romano comenzaba a tambalearse, debilitado y moribundo no pudo evitar el brote de un movimiento de revolución espiritual que tuvo como origen el hambre de una sociedad por conocer la verdad; cansados de la corrupción de la iglesia tradicional, de la opresión del imperio, estaban listos para recibir un cambio radical. Dios comenzó a avivar el corazón de un hombre llamado John Wycliffe, quién inició una confrontación de ideas que se oponían al "Papado", argumentando que estaban lejos de la verdad y ocupaban una posición ilegitima, que se habían corrompido con el poder y el hambre de riqueza y que escondían la verdad para que los pueblos vivieran en ignorancia. Sufrió persecución, fue juzgado en diferentes ocasiones por predicar la verdad, pero su defensa siempre fue con la palabra de Dios y calló la boca de los que le acusaban. Predicó la salvación por gracia a través de la fe en Cristo, sin necesidad de depender de una institución ni de un clero. Habló de que Dios no necesita de intermediarios para salvar al hombre y afirmó que el verdadero poder está en las sagradas escrituras y no en una institución religiosa, enseñó a la gente que le escuchaba a no seguir a los hombres sino a Cristo y depender solo de él. Sus escritos y enseñanzas fueron calificados por el Papa como herejía, y después de su muerte se ordenó quemar sus libros, sus restos fueron exhumados y quemados porque pensaron que así cesaría la búsqueda de los pueblos por la verdad.

No obstante, la semilla de avivamiento ya había sido plantada en los corazones de muchos, su legado más grande fue la traducción de la biblia del latín al inglés, porque creía que la gente tenía el derecho de tener acceso a las sagradas escrituras y así estar expuestos a la verdad. Esto trajo luz en medio de la oscuridad, la luz del evangelio de la fe, la luz de Cristo Jesús. John Wycleffe murió, pero no murió el fuego de un avivamiento que sacudiría el imperio de muerte y afectaría al mundo hasta al día de hoy. Había comenzado en la historia de la iglesia y de la humanidad un nuevo día.

Aquel imperio que asoló a la iglesia estaba herido, había sido arrojado en cama, herido de muerte, debilitado y enfermo. El señor Jesucristo cumplía su palabra cuando dijo que daría autoridad a la iglesia vencedora de este tiempo sobre muchas naciones, les daría su palabra como vara de hierro y les exhortaba a retener lo que se les había dado. El camino estaba preparado para que otros muchos se levantaran en ese mismo espíritu y marcaran una diferencia, oponiéndose a los poderosos y haciéndoles una guerra frontal con la fe como escudo y la palabra de Dios como espada de dos filos. Entre ellos hubo uno de renombre llamado Juan Huss, quién siguió el ejemplo de John Wycliffe y fue influenciado con sus enseñanzas para continuar con el legado del avivamiento de la palabra de Dios.

Ya la antorcha de gloria irradiaba en medio de la oscuridad y nadie podría detenerla. Huss fue un teólogo que se atrevió con valentía a señalar los pecados de los poderosos de su tiempo. Condenó la inmoralidad y corrupción de la falsa iglesia, sus abusos y su hambre de poder y riqueza a costa de los pobres. Presentó argumentos basados en la palabra de Dios que la iglesia romana no era la iglesia de Cristo y que el Papa no representaba ninguna autoridad espiritual, enseñó con las sagradas escrituras que la cabeza de la iglesia es Jesucristo mismo y que solo él es el la roca donde está fundamentada y no Pedro. De igual forma se atrevió a afirmar que por los pecados, inmoralidad y corrupción el Papa era una representación del anticristo. Esto le llevó a ser encarcelado tras un juicio injusto y fue excomulgado y posteriormente encarcelado por continuar predicando a pesar de que se le había prohibido. Se le dio la oportunidad que se retractara de sus enseñanzas para no morir, pero Juan Huss estaba listo para ir hasta el final sin negar la verdad de la palabra de Dios. Fue condenado por herejía y traición al imperio y a morir en la hoguera, dándole así la más hermosa de las muertes para un cristiano y, sin lugar a dudas, recibir la corona de la vida.

Dentro de ese mismo periodo de tiempo se había dado inicio al más poderoso elemento para un despertar espiritual inminente que daba la accesibilidad de los pueblos a las sagradas escrituras. Un inventor alemán de nombre Johaness Gutenberg había logrado dar a luz la imprenta moderna de tipos móviles y comenzó a editar lo que sería conocido como el más grande legado que dejó a la humanidad: La biblia de Gutenberg.

El primer libro impreso fue las sagradas escrituras y eso acabó de preparar la tierra para que se diera lugar al primer gran despertar después de un proceso largo de muerte. Con esto, lo que Dios manifestó fue el poderío de la gloria de su nombre, los pueblos comenzaron a poner su confianza en la palabra de Dios, la fe solo en el señor Jesucristo recobró fuerza, se comenzó a respirar un aire de esperanza y libertad espiritual, mientras el imperio de Roma moría la iglesia verdadera resurgía de las cenizas. Esto quedó en la historia como una manifestación del poder de Dios, porque no ha habido ni habrá en la historia de la humanidad ningún imperio, ningún sistema religioso ni político, ningún dictador que pueda nunca opacar el poder del nombre, que es sobre todo nombre. Al final de cada intento por hacer desaparecer la iglesia verdadera del Dios viviente, las rodillas de los que se levantaron para atacar y querer derrotar a la iglesia, se doblaran ante la grandeza de nuestro Dios y aun ellos confesaran que Jesucristo es el Señor.

Cien años después de estos acontecimientos vendría una manifestación de resurrección sobrenatural: La gran reforma de Martín Lutero.

DE LA REFORMA AL PENTECOSTALISMO

La historia de la iglesia nos deja un sabor a esperanza para enfrentar en nuestra propia vida las presiones tanto emocionales como espirituales que llegan con la intención de mantenernos avergonzados, oprimidos, derrotados. Para recobrar fuerzas y levantar nuestra moral es siempre buen consejo mirar lo que Dios ha hecho en el pasado, como los que creyeron en él y a sus promesas nunca fueron avergonzados a pesar que todo venía en contra de ellos y que no tuvieron los recursos, ni la fuerza, ni la ayuda humana para sobrevivir. Dios llegó siempre a tiempo para librarlos de la muerte y levantarlos aun de las cenizas. En muchas ocasiones dentro de los mismos palacios de los emperadores de la muerte y los faraones del terror, Dios forjó a los que traerían libertad a su pueblo, porque él puede sacar aun en medio de la tierra árida fuentes que salten para vida eterna. A manera de Moisés en Egipto, quien por la fe rehusó llamarse hijo de la hija del Faraón, hace cinco siglos Dios levantó a un hombre de entre los que oprimieron al mundo y llenaron la tierra de oscuridad espiritual para que aun en medio de esa oscuridad la luz de Cristo resplandeciera trayendo una nueva era.

La tierra estaba fértil, la semilla de avivamiento había sido sembrada, los elementos claves estaban en operación, solo faltaba el momento oportuno para que se abrieran las compuertas y comenzara a correr el río de la manifestación del poder de la resurrección en Cristo en una manera sobrenatural. Mientras Martín Lutero, el teólogo y fraile católico estudiaba la escritura, leyó en la epístola a los romanos esta frase: "El justo por la fe vivirá", los ojos del entendimiento y revelación se abrieron para él y, por primera vez, comprendió que no eran sus obras ni sus intentos para agradar a Dios, no eran sus ayunos y flagelaciones y constantes confesiones de sus pecados lo que lo justificaban, sino el hecho de poner la fe en la obra consumada de Cristo Jesús en la cruz del calvario. Eso le dio libertad de la condenación, trajo alivio a su larga búsqueda para saciar la sed del alma y encendió dentro de él un fuego de celo por la palabra de Dios al ver los abusos grotescos de los religiosos de su tiempo. La venta de indulgencias era una práctica común para la gente, prácticamente el Papa autorizaba que la gente pudiera cometer cualquier tipo de pecado siendo absuelto del castigo pagando una cuota a la iglesia católica. Esto desató las fieras de la avaricia, de manera que se contrataba a hombres como el fraile dominico Johann Tetzel, especialmente para vender este tipo de indulgencias, y no solamente ofrecían esto para vivos, sino para los familiares muertos con el fin de sacarlos del purgatorio. Ese ambiente de engaño y abuso que tomo lugar por la ignorancia de la palabra de Dios, fue lo que llevó a Martín Lutero a preparar sus famosos 95 tesis y el 31 de octubre de 1517 las clavó en la puerta de la iglesia del Palacio de Wittenberg, donde condenaba los abusos de la iglesia, el paganismo, la avaricia y la inmoralidad que reinaba en ese tiempo. Ese fue el momento que inició una revolución espiritual que cambio literalmente la historia de la humanidad. Ese documento rápidamente se tradujo y gracias a la imprenta se distribuyó rápidamente en toda Alemania, y en poco tiempo toda Europa había sido saturada de este mover, con aquella frase que sonaba como un rugido de guerra: El justo por la fe vivirá.

Muchos salieron del sistema religioso a pesar de las amenazas de persecución y que borrarían sus nombres de la membresía de la iglesia, dejándolos al destino de la perdición. Sin embargo, ellos habían tomado valor de la promesa hecha por Jesucristo: Yo no borraré tu nombre del libro de la vida.

La iglesia verdadera había resucitado y no habría nada ni nadie que la podría detener.

Martín Lutero fue excomulgado de la iglesia católica y mientras ellos decidían cuál sería su destino, huyó y fue declarado prófugo y hereje por el emperador y prohibieron que se leyeran sus escritos. Fue escondido por algunos amigos en el castillo de Wartburg Eisenach, desde dónde, por el lapso de un año, escribió acerca de las doctrinas fundamentales de la gracia y comenzó la traducción de la biblia inundando toda Europa con sus escritos. Él es el responsable de que hubiera un despertar por el conocimiento de las sagradas escrituras en su tiempo y de que por ese movimiento la iglesia católica se tambaleara dando lugar a que la fe verdadera en Cristo se multiplicará cambiando el destino de toda la sociedad. En Inglaterra se levantaron muchos siguiendo el ejemplo de Martín Lutero y sus escritos como influencia, desafiando al sistema religioso que había oprimido al mundo por tanto siglos y trayendo por la predicación de la palabra de Dios libertad.

En Suiza se gestaba también un gran avivamiento y Dios había preparado el terreno para que un joven teólogo francés encendiera la ciudad de Ginebra con el fuego del evangelio de Cristo. De ahí se desprendiera de una manera organizada y sistemática la propagación de la palabra de Dios, el nombre de aquel predicador era Juan Calvino. Él llegó a ser para Suiza lo que Martín Lutero fue para Alemania, profundizó en la doctrina de la gracia, la justificación por la fe, predicó que los pueblos no ocupaban tener sacerdotes que sirvieran como intermediarios entre ellos y Dios, sino una relación personal con el Padre por la fe en Jesucristo. Tradujo la biblia y escribió muchos comentarios profundos de las sagradas escrituras y de los Salmos. Implementó el usó de los Salmos como parte del culto y enseñó que la iglesia debería cantar para adorar a Dios en su propio idioma y no como lo hacía la iglesia católica, quiénes eran los sacerdotes que cantaban en latín, un idioma que ellos no entendían. Estableció escuelas de discipulado para capacitar ministros y fueron miles los que estuvieron bajo ese tiempo de gloria recibiendo la enseñanza de la palabra de Dios, entre los que más resaltó fue un escocés llamado John Knox, quién regresó a Escocia y se dice que fue el responsable de haber evangelizado todo ese país.

Dos siglos después en Inglaterra, Dios levantaría a los hermanos Juan y Carlos Wesley, quiénes fueron importantes para restaurar las prácticas de la oración y de una vida piadosa también aportaron en el fundamento de una iglesia más organizada. Más tarde el mundo fue testigo de cómo Dios usó vasos de honra que fueron instrumento de manera poderosa, predicadores imponentes como George Whitefield, Jonathan Edwards, Charles Spurgeon y después grandes avivadores como Charles G. Finney, Dwight L. Moody que afirmarían a muchos en la fe y en la gracia de Cristo Jesús.

Lo que Dios trajo en este periodo de reforma y despertar espiritual fue una manifestación gloriosa de la gloria de su palabra. Porque es solamente a través de la predicación de la palabra de Dios que surgen los avivamientos. La opresión había sido quitada en muchas maneras. La libertad de leer la biblia en el idioma propio de los pueblos, hizo que viniera un cambio en la sociedad maravilloso y que naciones enteras se vieran afectadas por este mover de una manera positiva.

Durante esta era de gloria se formaron las denominaciones más importantes que hasta el día de hoy continúan con el legado que les fue entregado. Los luteranos, los anglicanos, los presbiterianos, los bautistas, los metodistas y muchos otros que han contribuido en mucho a la evangelización y la plantación de iglesias cristianas en el mundo entero. Cuando los peregrinos ingleses inmigraron a América, en el Mayflower, la mayoría de ellos buscaba libertad para practicar su fe en Jesucristo, sin la persecución de la iglesia católica y políticas que seguían oprimiéndoles. Traían entre sus cosas ejemplares de la biblia que se había publicado con notas basadas en las enseñanzas de Juan Calvino y era conocida como la biblia de Ginebra.

Definitivamente este lapso de tres siglos fue demasiado importante para que el evangelio fuera esparcido por el mundo y se levantó una gran cosecha espiritual de almas para el reino de los cielos. Lamentablemente este fuego comenzó a menguar porque se quiso organizar humanamente lo que Dios había comenzado. Incluso los hombres que Dios usó para comenzar este mover nunca quisieron que se levantaran organizaciones con sus nombres, porque la iglesia es de Jesucristo, afirmaban ellos, debería llevar solo el nombre de su salvador. Aun así los discípulos de estos hombres de Dios levantaron organizaciones humanas, que al final lo que hicieron fue encerrar el mover de Dios y adueñarse de la verdad, señalando a otros de error. Tales hechos dieron como fruto la división entre el cuerpo de Cristo. El señor advirtió a la iglesia de este tiempo que fuera vigilante porque Dios no había hallado sus obras perfectas, en otras palabras no habían alcanzado la madurez espiritual requerida para reinar en una manera plena. Debemos mucho a la iglesia de este tiempo, su búsqueda por la verdad les llevó recuperar la libertad de la palabra de Dios.

Pero les faltó visión para escalar a alturas mayores en las dimensiones de la vida del Espíritu y prefirieron echar mano a lo que ya estaban acostumbrados, la intervención de la mano humana en los asuntos espirituales, lo cual siempre da como resultado una iglesia que opera mecánicamente. Y es precisamente ahí donde se cometen errores, se cae en desviaciones de la sana doctrina y se pierde el juicio para hacer decisiones correctas.

La rutina penetró, el letargo espiritual comenzó a cubrir todas estas organizaciones y muchos estaban deseando experimentar un cambio que trajera frescura una vez más. Ya Dios tenía para su iglesia una nueva etapa de resurrección.

DEL PENTECOSTÉS AL ÚLTIMO Y MÁS GRANDE DESPERTAR

Cuando el señor Jesucristo anunció la era que la iglesia estaba a punto de entrar, para ese tiempo afirmó que había una puerta abierta, la cual nadie podría cerrar porque él es el que tiene la llave de David. Y dónde él cierra no hay quien abra y dónde él abre no hay quién cierre. La situación de la iglesia en ese tiempo era que tenía pocas fuerzas, aun así, también tenía cualidades indispensables para comenzar un avivamiento: Guardaron la palabra del Señor y no negaron su nombre.

En los avivamientos que habían sucedido antes del siglo XIX, Dios había restaurado los fundamentos de la doctrina de la justificación por la fe, de la Santificación por el poder del Espíritu Santo, la práctica continua de la evangelización y el bautismo en agua de los creyentes para testimonio al mundo. Ahora el divino alfarero llevaba a la iglesia a una experiencia mucho más profunda: El derramamiento y el bautismo del Espíritu Santo con la evidencia física de hablar en otras lenguas. Esto daría un impulso sobrenatural a la iglesia, pues la promesa había sido que recibirían poder cuando viniera el Espíritu Santo y serían testigos hasta lo último de la tierra. Aunque había hambre y sed por ir más profundo en la vida del Espíritu, también hubo mucha oposición y los que en un tiempo fueron perseguidos por el imperio romano y su institución religiosa, ahora perseguirían a los que abrazaban el mover del fuego del Espíritu Santo. Pero esto era algo que nadie podría detener, era un tiempo donde el mundo sería testigo de una nueva dimensión de resurrección porque traería también milagros y sanidades que harían que la iglesia del Señor creciera y avanzara a pasos agigantados.

Habían sido sembradas ya algunas semillas acerca de la búsqueda de la llenura del Espíritu Santo desde el siglo XVIII, pero no fue sino a inicios del siglo XIX que este mover se desató en una vigilia de jóvenes estudiantes de la biblia, que habían inquirido en cuál había sido el factor que llevó a la iglesia del libro de los Hechos a experimentar un poder sobrenatural, llegaron a la conclusión que era precisamente el bautismo del Espíritu Santo, con la evidencia física de hablar en otras lenguas, lo que había impulsado a la iglesia a llevar el evangelio con una manifestación sobrenatural del poder de Dios. Este don se recibía por la fe con la imposición de manos. Charles Fox Parham fue el ministro que Dios usó en esa escuela bíblica en Topeka Kansas en Estados Unidos, quién fue testigo de cómo los jóvenes eran llenos del Espíritu Santo y hablaban en lenguas extrañas, experiencia que él también recibió. Viajó a diferentes partes de Estados Unidos llevando el mensaje que era necesario que los creyentes recibieran el bautismo del Espíritu Santo. Ministrando en Houston, Texas, en una escuela bíblica establecida ahí, uno de sus estudiantes, al recibir esta experiencia, viajó a la ciudad de Los Ángeles, dónde comenzó reuniones de oración en 1906, en la calle Azuza. El avivamiento se desató de una manera sobrenatural y muchos viajaron, desde todo el mundo, a ese lugar, que no era más que una bodega humilde y sencilla. Ahí Dios había preparado el fuego del altar, que encendería los corazones con la experiencia del pentecostés, aquel predicador era William J. Seymour.

Los que visitaban las reuniones en la calle Azuza regresaban a sus lugares de origen llevando con ellos el fuego de este avivamiento a Sudamérica, Brasil, Canadá y Europa. Una nueva ola de gloria comenzó a cubrir las naciones y aunque este mover fue rechazado por muchos, no podían negar que fuera algo sobrenatural y muchas almas se salvaran creyendo en Cristo y recibiendo la experiencia del bautismo del Espíritu Santo, impulsándoles a evangelizar. Después del avivamiento en Los Ángeles se comenzaron a formar grupos grandes de creyentes para orar y tener comunión con otros que habían tenido esta misma experiencia. Al ser rechazados por todas las otras organizaciones cristianas, vieron la necesidad de establecer de una manera más formal denominaciones que cuidaran de la gente que se estaba añadiendo a este mover. De ahí surgieron las Asambleas de Dios, la Iglesia de Dios, la Iglesia Cuadrangular proclamando que Cristo salva, sana, bautiza con Espíritu Santo y volverá por su iglesia. Este despertar tuvo grande oposición por al menos cuarenta años y el señor Jesucristo había advertido que, después de que los que se hacían pasar como verdaderos creyentes pero no lo eran fueran expuestos por sus mentiras, también Dios haría mostrar que a esta iglesia él también la había amado y todos lo reconocerían. Así que para inicios de la década de 1940 muchas iglesias evangélicas aceptarían que la iglesia de cristianos pentecostales era verdaderamente un mover de Dios.

La hora de la prueba que el señor Jesucristo había anunciado estaba a punto de comenzar al inicio de los años 40's, esta prueba vendría sobre el mundo entero. La segunda guerra mundial se desató dejando un mar de muertos como nunca antes en la historia de la humanidad; esto dejó un gran vacío en el corazón de las naciones, una necesidad espiritual que solo podía ser suplida por el evangelio de Jesucristo predicado con unción y con poder. Esta sombra de muerte que había abrazado al mundo sería disipada por reuniones evangélicas que convocaban a miles para escuchar un mensaje de esperanza en un mundo azotado por las atrocidades de la guerra. Se comenzaron bajo carpas y después se llenaron estadios en todas las ciudades principales del mundo, nacieron ministerios que impactaron al mundo entero, rompiendo todos los esquemas antes conocidos de las organizaciones cristianas y la iglesia dejó de ser un grupo de gente que se reunían en templos para ser una fuerza que aportaba vida a todos los niveles de la sociedad. Evangelistas como Billy Graham, Oral Roberts, T.L. Osborn aportaron un gran avance a la iglesia. Después de la guerra, para los 60´s y 70´s la iglesia ganaba importantes batallas y era el motor de una transformación sobrenatural en la sociedad. Fue de ahí que nació un río de avivamiento que se conoce como la "lluvia tardía" donde muchos hombres de Dios recibieron revelación y entendimiento de las escrituras con una claridad asombrosa, los dones del poder del Espíritu Santo eran evidentes en sus vidas, como la sanidad divina, los milagros, y el don de fe. También para este tiempo Dios restauró el ministerio apostólico y profético que en conjunto con pastores, evangelistas y maestros comenzaron a equipar a la iglesia para llevarla a un nivel de madurez mayor.

Para la década de los 80´s y 90´s se respiraba en la iglesia un aroma de restauración, tanto en la predicación de la palabra como en la alabanza y la adoración, mientras la palabra de Jesucristo afirmaba los corazones prometiéndole a la iglesia: "He aquí yo vengo pronto, retén lo que tienes para ninguno tome tu corona".

Ciertamente fueron tiempos donde se pudo palpar la gloria de la vida de Cristo. Las divisiones que se habían formado en las denominaciones cristianas de pronto comenzaron a perder su fuerza y el amor fraternal floreció maravillosamente. Hoy en día el mover de cristianos nacidos de nuevo, que han abrazado el mover del Espíritu Santo, y creen que los dones sobrenaturales son para la iglesia en este tiempo, crece aceleradamente alrededor del mundo.

LA RESTAURACIÓN DE TODAS LAS COSAS

"Así que, arrepentíos y convertíos, para que sean borrados vuestros pecados; para que vengan de la presencia del Señor tiempos de refrigerio, y él envíe a Jesucristo, que os fue antes anunciado; a quien de cierto es necesario que el cielo reciba hasta los tiempos de la restauración de todas las cosas, de que habló Dios por boca de sus santos profetas que han sido desde tiempo antiguo".
Hechos 3:19-21

En cada temporada de invierno que cayó sobre la iglesia, Dios escondió a su iglesia en la hoguera de su presencia, cuando la iglesia entró en diferentes desiertos y todo el mundo pensó que ahí moriría; también la vieron subir recostada sobre el pecho del Amado. Por eso es que nunca debemos perder la esperanza por muy oscura que sea la noche y por largo que se haga el camino y nuestros pies se debiliten al andar, el que prometió venir vendrá y no tardará. En estas últimas dos décadas, la iglesia de Jesucristo ha entrado a otro proceso de muerte y de sepultura. En casi cada ámbito y organización cristiana se está experimentando una necesidad de un nuevo despertar espiritual. Esta vez no solo será de evangelización, o de discipulado, ni tampoco tendrá que ver con la música, ni se centrará en una sola persona o un solo ministerio. Las denominaciones y organizaciones cristianas no podrán monopolizar la gloria que viene para la iglesia y que afectará al mundo, porque conocerán la manifestación de los hijos de Dios maduros en la palabra y en la fe que irán a la vanguardia preparando el camino para la venida del Señor.

En medio de un tiempo de tibieza donde la iglesia ha caído en la rutina y aunque nos llueve maná del cielo todos los días se nos ha hecho común lo sobrenatural, Dios está a punto de levantar un ejército de vencedores que no han doblado su rodilla a Baal y se han guardado para ser usados por Dios. Será un tiempo de restauración donde serán conmovidos no solamente la tierra sino también el cielo, y las cosas movibles serán removidas y Dios establecerá las inconmovibles. El llamado para esta iglesia es que abra la puerta, porque el Amado está llamando, él ha venido a su huerto y la semilla que él plantó comenzará a brotar, reverdecerá y volverá a dar el fruto de su vida. El tiempo ha llegado y es de hora de despertar, la primavera anuncia la esperanza y el canto de la tórtola se escucha anunciando ya un nuevo tiempo.

MUCHO FRUTO

En el lugar que te encuentres en tu caminar de fe no desistas, no te rindas. Las tormentas no duran para siempre y los inviernos nos enseñan a esperar. Espera en Dios porque entre más duro sea el invierno y más nieve caiga en las montañas, mejor será el tiempo de la cosecha, esa nieve se convertirá en un río poderoso cuando salga el sol y ese río regará los campos y la ciudad trayendo alegría, preparando la tierra para que sea fértil. Tú no fuiste diseñado para ser estéril, no tienes el ADN de un perdedor, por tus venas corre la sangre del cordero de Dios que venció la muerte y la vida indestructible de Cristo está operando en ti. Aunque hayas sido sepultado y muchos hayan llorado tus caídas y tus fracasos y tú mismo sientas que has llegado al final; porque te han dado ya una sentencia de muerte y han puesto una piedra en tu tumba, y te han declarado ya sin vida, ahí es donde debes recordar la promesa de Dios, que no dejará a sus hijos postrados ni permitirá que terminemos en corrupción. Te levantarás de la misma muerte y reverdecerás porque fuiste diseñado para las alturas.

Muchas cosas han sucedido en el proceso que el Señor me ha llevado durante el tiempo que me tomó escribir este libro. La enfermedad de cáncer que me azotó, me orilló a poner muchas cosas en pausa, incluyendo el terminar de escribir. Las iglesias que Dios me permitió plantar las tuve que delegar a causa de la enfermedad. Durante este tiempo mi madre partió a la presencia del

Señor, dejándome una maravillosa herencia de la palabra de Dios, pero también los doctores me han declarado completamente libre de cáncer. Se ha cumplido en mi vida la promesa que el Señor me hizo diciéndome: No morirás sino vivirás y contarás las obras de tu Dios. Después de un año y medio de prueba, he mirado la mano de Dios obrar gloriosamente trayendo sanidad en mi cuerpo y vida de resurrección en mi alma. He comprobado en mi propia vida, que aunque el árbol haya sido cortado desde la raíz, al percibir el agua de la gracia del Señor reverdecerá y brotará copa nueva llevando una vez más MUCHO FRUTO.

Printed in the United States
By Bookmasters